心に寄り添う

季節と気持ちを上手に伝える手紙の書き方

マナー&文例集

杉本祐子 著

JN055266

主婦の友社

本書の読み方および使い方１

七十二候
二十四の季節をそれぞれ三つの時候に分け、名称と由来を説明しています。

二十四節気
一年を二十四に分けた季節の名称と時期、由来を説明しています。

見本

立春《しゅん》

２月４日ごろ（〜18日ごろ）

文字どおり「春立つ」時節。寒さが峠を越え、春に向か
意味です。旧暦では、この日が一年の始めとされていまし

七十二候

初候	次候	末候
東風解凍（こち　こおりを　とく） あたたかい春風が東から吹き、川や池の氷を解かし始めるころ。中国では、東が春をあらわす方位だった。	**黄鶯睍睆**（うぐいす　なく） 「春告げ鳥」の別名もあるうぐいすが鳴き始めるころ。	**魚上氷**（うお　こおりを　いずる） 水がぬるみ、表面に張っていた氷から魚が飛び出してくるころ。「いずる」という表現に春の力強さを感じさせる。

歳時記キーワード

初午……２月の最初の午の日。油揚げを
荷神社の祭り。きつねは稲荷の使者と考
おり、稲荷神社では、きつねの好物とさ
げを供えるのがならわし。

建国記念の日（２月11日）……もともと
の初代天皇・神武天皇が即位したとさ
「紀元節」。戦後、廃止されたが、名称を変えて1966年から国民の祝日となった。

バレンタインデー（２月14日）……主にキリスト教圏で「愛の日」とされ、花やお菓子を贈る（あるいは贈り合う）習慣があるが、日本では女性が男性にチョコレートを贈る例が多い。

歳時記キーワード
期間内にある伝統行事などについて説明しています。キーワードは、書き出しのあいさつを考える大きなヒントになります。

書き出しの文例（時候のあいさつ）
あらたまった手紙用の漢語調のあいさつと、ソフトに書き始めたいときに向く話し言葉調のあいさつを紹介しています。★印はフォーマル度を示している（★が多いほど高くなる）ので、用件や相手によって使い分けます。

書き出しの文例（時候のあいさつ）

【漢語調のあいさつ】（「候」は「みぎり」でもOK）
◆立春の候　◆早春の候　◆余寒の候
◆浅春の候　◆梅花の候　◆春寒の候

【話し言葉調のあいさつ】
★余寒お見舞い申し上げます。
★恵方巻のポスターばかり目に入っていたのに、今はバレンタインデーに変わりましたね。
★そちらは、冬祭りでにぎわっていることでしょうね。
★まだまだ寒い日がつづいていますが、暦の上では春となり、気分が明るくなります。
★★余寒お伺い申し上げます。（Memo参照）
★★ようやく日足も伸びてきたようで、心弾むこのごろです。

結びの文例

★本格的な春を楽しみに、まずは＊＊まで。
★まだまだ寒い日がつづきますので、お風邪召しませぬように。
★★余寒厳しき折から、どうぞくれぐれもごくださいませ。
★★梅のほころびを心待ちにしながら、まず中にて＊＊申し上げます。

Memo
目上の方へは「お見舞い」ではなく「お伺い」
「見舞う」は「訪れて慰める」という意味で、相手への敬意は込められていません。目上の方に対して……す」とするのが礼……「残暑見舞い……舞い」

39

Memo
季節のあいさつに使える風情のある表現や、手紙の言葉づかいで気をつけたい点についてのお役立ち情報です。

結びの文例
季節を考えながら相手を思いやる結びの書き方を紹介しています。

本書の読み方および使い方 2

書き出し(前文)

目的に応じた書き出し方がわかりやすく示されています。手紙の用件によっては、時候のあいさつを省くほうがよいこともあるのです。

結び(末文)

用件に合った結びの書き方だけを拾い読みすることもできます。

手紙の具体的な目的

日常的に書く手紙を幅広く紹介しています。

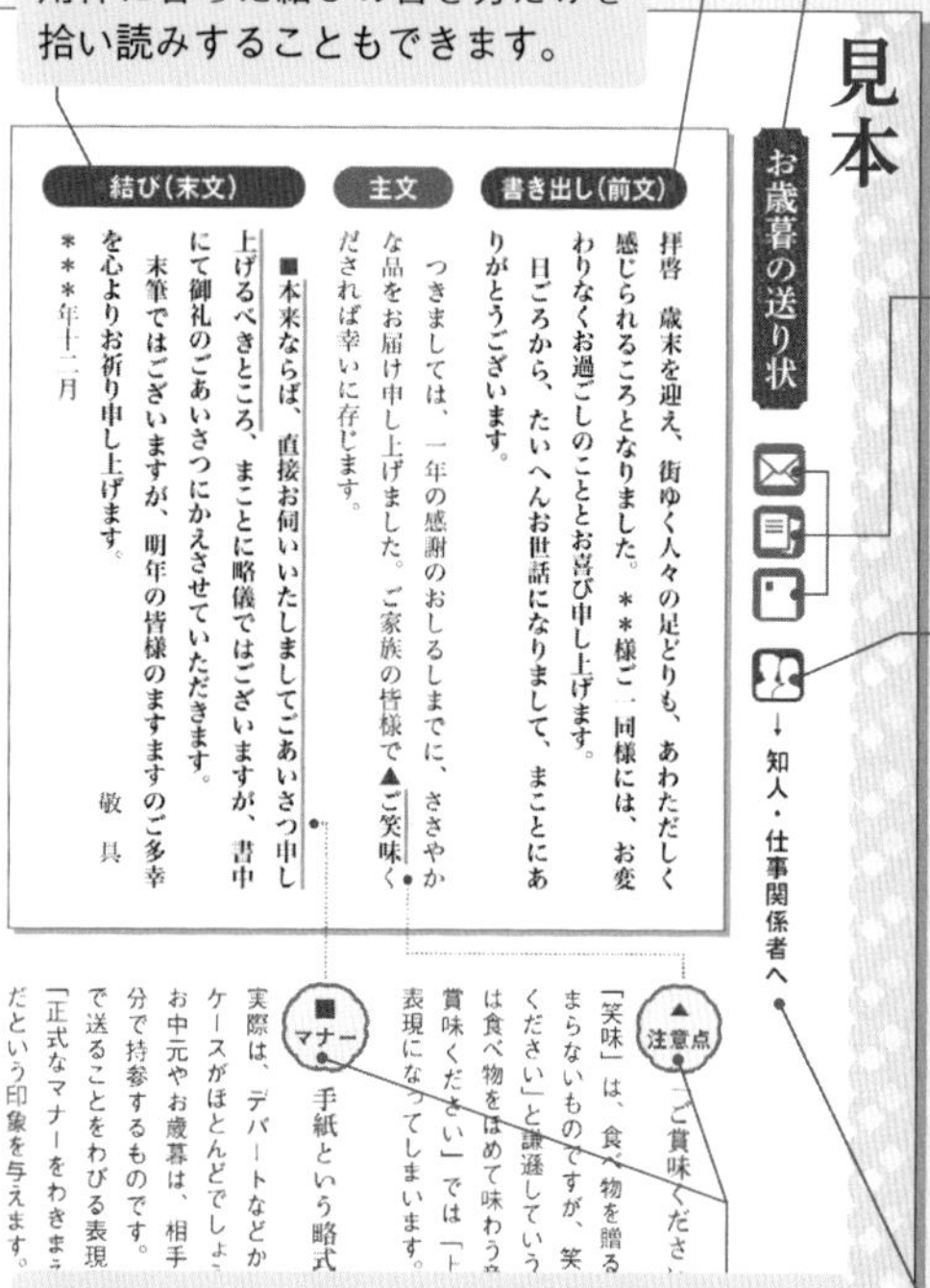

見本

お歳暮の送り状

↓知人・仕事関係者へ

書き出し(前文)

拝啓　歳末を迎え、街ゆく人々の足どりも、あわただしく感じられるころとなりました。＊＊様ご一同様には、お変わりなくお過ごしのこととお喜び申し上げます。

日ごろから、たいへんお世話になりまして、まことにありがとうございます。

主文

つきましては、一年の感謝のおしるしまでに、ささやかな品をお届け申し上げました。ご家族の皆様で▲ご笑味くだされば幸いに存じます。

結び(末文)

■本来ならば、直接お伺いいたしましてごあいさつ申し上げるべきところ、まことに略儀ではございますが、書中にて御礼のごあいさつにかえさせていただきます。

末筆ではございますが、明年の皆様のますますのご多幸を心よりお祈り申し上げます。

敬具

＊＊＊年十二月

▲注意点

「ご賞味くださ

「笑味」は、食べ物を贈るまらないものですが、笑ってください」と謙遜していうは食べ物をほめて味わう意賞味ください」では「ト表現になってしまいます。

■マナー

手紙という略式

実際は、デパートなどかケースがほとんどでしょうお中元やお歳暮は、相手分で持参するものです。で送ることをわびる表現「正式なマナーをわきまえだという印象を与えます。

手紙・カード・はがきの使い分け

用件や相手によって、適した方法をマークで示しています。

- 手紙
- カード
- はがき

差出人は男性か女性か

男女兼用で使える文例がほとんどですが、女性向きの手紙用語や表現を用いた文例は、マークにしてわかりやすくしています。

手紙をグレードアップさせるためのアイコン

■マナー　冠婚葬祭や贈答、手紙を送るときのマナーについて説明しています。

◆なるほどメモ　文例に使われている言葉の意味や背景を説明しています。

★応用　別の言い回しや、状況に応じて書きかえるときの例を紹介しています。

▲注意点　誤解や誤用が多い表現について、注意を呼びかけています。

だれにあてての手紙か

相手が親しい友人ならカジュアルな表現でかまいませんが、目上の方にはきちんとした敬語を使う必要があります。この部分を見れば、相手に応じた表現がすぐにわかります。

本書の読み方および使い方……2

Part1 手紙のかたち
きちんとととのえた便りで礼儀正しく

電話・メール・手紙の違いを知ると書きやすくなります……12
手紙の基本構成をマスターすれば書くのが楽になります……14
頭語と結語の組み合わせは決まっています……16
チャート式でらくらく作成 書き始めのあいさつ……18
目的別 締めくくりのあいさつカタログ……21
礼儀にかなう便箋・封筒・はがき・切手を準備しましょう……22
封筒のととのえ方①和封筒・基本 あて名は中央に、住所より大きく書きます……24
封筒のととのえ方②和封筒・応用 連名のときはそれぞれに「様」をつけます……26
封筒のととのえ方③洋封筒 縦長において左上の位置に切手をはります……28
はがきのととのえ方 郵便番号枠をガイドラインにしてバランスよく……30
便箋の折り方と封筒への入れ方……32

Part2 季節のかたち
四季折々の風情を感じさせる書き出しと結び

季節の移ろいを繊細にあらわす二十四節気と七十二候……34
春に書く手紙のポイント……36
立春《りっしゅん》……38
雨水《うすい》……40

啓蟄《けいちつ》……42
春分《しゅんぶん》……44
清明《せいめい》……46
穀雨《こくう》……48
季節の花カレンダー……50
夏に書く手紙のポイント……52
立夏《りっか》……54
小満《しょうまん》……56
芒種《ぼうしゅ》……58
夏至《げし》……60
小暑《しょうしょ》……62
大暑《たいしょ》……64
季節の旬食材カレンダー……66
秋に書く手紙のポイント……68
立秋《りっしゅう》……70
処暑《しょしょ》……72
白露《はくろ》……74
秋分《しゅうぶん》……76
寒露《かんろ》……78
霜降《そうこう》……80
冬に書く手紙のポイント……82
立冬《りっとう》……84
小雪《しょうせつ》……86
大雪《たいせつ》……88
冬至《とうじ》……90
小寒《しょうかん》……92
大寒《だいかん》……94
季節の鳥　春夏秋冬……96

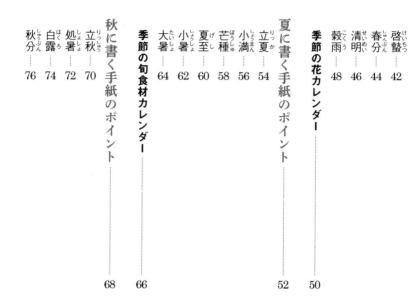

Part 3 こころのかたち1
気持ちを伝える手紙の書き出しと結び

季節の贈答（お中元）の送り状・基本ひな型
お中元の送り状……98
季節の贈答（お中元）のお礼状・基本ひな型
お中元のお礼状……100
お歳暮の送り状（知人・仕事関係者へ）……102
お歳暮の送り状（友人・親戚へ）……103
贈答を辞退するときのお礼①返送するとき……104
贈答を辞退するときのお礼②返礼品を贈る……105
年賀状……106
寒中見舞い（喪中に年賀状が来たとき）……107
寒中見舞い（年賀状を出しそびれたとき）……108
暑中見舞い……109
お祝いの手紙・基本ひな型
結婚祝いの手紙（コロナ禍で披露宴をしないとき）……110
出産祝い……112
小学校の入学祝い……113
長寿祝い……114
開店祝い……115
お祝いへのお礼状・基本ひな型
出産祝いへのお礼……116
結婚祝いへのお礼……118
中学校入学祝いへのお礼……119
長寿のお祝いへのお礼（親の代筆）……120
贈り物をいただいたお礼……121
お世話になったお礼状・基本ひな型
子どもの就職でお世話になったお礼（内定の場合）……122
転職でお世話になったお礼（不採用の場合）……124
相手のお宅に招かれたお礼……125
会食に招かれたお礼……126

高齢の親がお世話になっているお礼……127
寄付・寄贈へのお礼……128

Part4 こころのかたち2

書きにくい手紙だから気をつけたい書き出しと結び

お願いの手紙・基本ひな型
子どもの身元保証人を依頼する……130
面識のない方へのお願い……132
頼みにくいお願い①子どもの宿泊を依頼する……133
頼みにくいお願い②借用を依頼する……134
頼みにくいお願い③高齢の親の世話を依頼する……135
頼みにくいお願い④再就職への世話を依頼する……136
頼みにくいお願い⑤寄付のお願いをする……137

断りの手紙・基本ひな型
就職の紹介依頼を断る……138
保証人の依頼を断る……140
借金の依頼を断る……141
借用の依頼を断る……142
宗教の勧誘を断る……143

催促の手紙・基本ひな型
借金の返済を催促する（初回）……144
借金の返済を催促する（2回目以降）……146
立替金の精算を促す……147

苦情の手紙・基本ひな型
騒音への苦情……148
ペットに関する苦情……150
個人情報に関する苦情……151

おわびの手紙・基本ひな型
迷惑をかけたおわび……152
借金の返済が遅れたおわび……154

借りたものの返却が遅れたおわび …… 155
苦情を受けてのおわび（ビジネス） …… 156
苦情を受けてのおわび（プライベート） …… 157
子どもの不始末のおわび …… 158
会合をドタキャンしたおわび …… 159
コラム 書きにくい用件をソフトに伝えるクッション言葉 …… 160

Part 5 こころのかたち3
相手の心に寄り添うお見舞いとお悔やみの手紙

お見舞いの手紙・基本ひな型
病気入院のお見舞い（コロナ禍で面会禁止） …… 162
災害（地震）見舞い …… 164
災害（近火）見舞い …… 165
入院（交通事故）見舞い …… 166
介護見舞い …… 167
お見舞いへのお礼・基本ひな型
病気入院のお見舞いを受けたお礼 …… 168
災害見舞いへのお礼 …… 170
お見舞いをいただいたあとで亡くなったときのお礼 …… 171
お悔やみの手紙・基本ひな型
香典に同封するお悔やみの手紙（コロナ禍で家族葬） …… 172
コラム 香典とともに手紙を送るとき …… 174
災害や事故で亡くなったときのお悔やみ状 …… 176
家族葬で弔問を控えたときのお悔やみ状 …… 177
若くして亡くなったときのお悔やみ状 …… 178
不幸をあとになって知ったときのお悔やみ状 …… 179
遺族からの会葬礼状・基本ひな型
オリジナルの会葬礼状 …… 180
家族葬で行う断りを入れた会葬礼状 …… 182

当日返しを行うときの会葬礼状 …… 183

遺族からの忌明けあいさつ状・基本ひな型

サンプル文例をアレンジした忌明けあいさつ状 …… 184
オリジナルの文章で作成する忌明けあいさつ状 …… 186
香典を寄付するときの忌明けあいさつ状 …… 187

喪中欠礼・基本ひな型

喪中欠礼のあいさつ状 …… 188
家族葬で見送ったときの喪中欠礼 …… 189
喪中欠礼を出したのに年賀状が来たときの返事 …… 189

法要の案内状・基本ひな型

一周忌法要の案内状 …… 190
法要に欠席するおわびの返事 …… 191
法要欠席者へのお礼 …… 191

Part 1

手紙のかたち

きちんとととのえた便りで礼儀正しく

形式を守って文章を書き、
礼儀にかなった封筒や便箋を選び、
正しい位置にあて名を書く。
そんな手紙ならではの「かたち」が、
美しくきちんとした第一印象を与えます。

電話・メール・手紙の違いを知ると書きやすくなります

手紙では最初のあいさつが重要

話し言葉やメールでは、簡単なあいさつのあと用件に入るのが基本です。あいさつに用いる表現もある程度決まっています。ところが、手紙の書き出し方は次のように多種多様で、適切な表現を選ぶのは容易なことではありません。

❶ **拝啓などの頭語**（↓16ページ）

相手や手紙の内容に応じて使い分けます。

❷ **書き始めのあいさつ**（↓18ページ）

次のA～Eを、相手との関係に合わせて組み合わせて使います。

A 時候（季節感を表現）

B 安否（相手を気づかう／自分の安否を伝える）

C 慶賀（相手の健康や発展を喜ぶ）

D 感謝（お世話になっているお礼など）

E ご無沙汰のおわび（久しぶりの相手へ）

結びのあいさつも忘れずに行う

手紙では、相手を思いやる気持ちを込めて、ていねいに結びます。話し言葉やメールにはない余韻が残り、これが手紙のよさです。

❶ **相手の健康などを祈るあいさつ**（↓21ページ）

❷ **締めくくりのあいさつ**（↓21ページ）

次のA～Cを必要に応じて添えます。

A 用件のまとめ

B 今後につなげる言葉

C 伝言や返信の依頼

手段	要素	書き出し			用件	結び	結びのあと
		タイトル	あいさつ	名乗り	用件	結び	あとづけ
略式の手段…形式は自由度が高い	話し言葉・電話 プライベートメール	（口頭や電話ではなし）	お久しぶりです／ こんにちは　など	（＊＊です）	きょう、ご連絡 いたしましたのは　など	ではまた。 失礼します。	（なし）
	オフィシャルなメール	＊＊の件（＊＊について）	＊＊様 いつもお世話に なっております。	（＊＊社の）＊＊です。	さっそくですが 標題の件　など	以上、よろしく お願いいたします。	署名テンプレート （氏名／アドレス／電話／ 住所など）
正式の手段…決まった形式がある	手紙	（なし）	①拝啓などの頭語 ②時候・安否・慶賀・感謝・ご無沙汰のおわびなどのあいさつ	（基本的にはなし）	さて／このたびは　など	①相手の健康や発展を祈るあいさつ ②締めくくりのあいさつ ③敬具などの結語	日付→差出人名→あて名

❸ 敬具などの結語（↓16ページ）

頭語と正しく組み合わせて使います。

手紙の基本構成をマスターすれば書くのが楽になります

◆手紙は4つのブロックで構成すると書きやすい

❶ 頭語

「拝啓」などの頭語は行頭から（1字分下げずに）書き、1マス分あけて、時候のあいさつをつづけます。「拝啓」だけで改行するのは誤りです。

ブロック	内容・要素	文例《お世話になったお礼の手紙》
1 書き出し（前文）	①頭語 ②書き始めのあいさつ	拝啓　日ごとに春めいてまいりましたが（A）、＊＊様にはいよいよご清祥のこととお喜び申し上げます（B・C）。
	手紙の導入部分です。書き始めのあいさつには、A時候、B安否、C慶賀、D感謝、Eご無沙汰のおわびの5種類がありますが、文例は、用件が「お世話になったお礼」なのでDとEを省いています。A～Eのすべてを書くと、くどい文章になるので、必要に応じて2～3種でまとめるのがコツです。	

❷ 相手の名前・自分の名前

「＊＊様」など、相手側をさす言葉が行末にならないようにします。行末になりそうなときは、次の行頭から書きます。逆に、「私」「弊社」など自分側をさす言葉は行頭にならないよう調節して「尊敬」「謙譲」をあらわします。

2 主文

用件

　さて、このたびの＊＊の件では、まことにたいへんお世話になりまして、ありがとうございました。
　おかげさまで、大きな成果を上げることができました。これもひとえに、＊＊様のお力添えの賜物と、深く感謝いたしております。

用件に入るときは「さて」または「このたびは」から始めるのが基本です。手紙の内容によってはこの部分が長くなりますが、文章の書き方・構成の仕方は、話し言葉やメールの場合と同じです。

3 結び（末文）

①相手の健康や発展を祈るあいさつ
②締めくくりのあいさつ
③結語

　今後ともよろしくご指導くださいますよう、心よりお願い申し上げます。季節の変わり目ですので、くれぐれもご自愛ください。
　まずは略儀ながら書中にて御礼を申し上げます。

敬　具

「ご自愛ください」は「おからだをたいせつにしてください」という意味の手紙用語です。また「略儀ながら書中にて（をもちまして）」は、相手のところに出向いて述べるのではなく、手紙という略式の方法を恐縮する気持ちをあらわす、奥ゆかしい表現です。

4 あとづけ

①日付
②差出人名
③あて名

＊月＊日
＊＊＊＊
＊＊＊＊様

手紙の最後に日付、次行に差出人名、さらに次行にあて名を書きます。ただし、親しい人への手紙では、冒頭で「＊＊さんへ」と呼びかけるように書き始めることも許されます。

❸ 主文
行頭から1字分下げて「さて」「このたびは」などと書き始めます。

❹ 結語
末文の最終行、または次行の末尾に。「敬□具□」とスペースをあけると、おさまりよく見えます。

❺ あとづけ
日付は行頭から1～2字分下げます。差出人名は行末、あて名は次の行頭から書きます。

頭語と結語の組み合わせは決まっています

結び〈書き出し
頭語 → 書き始めのあいさつ
相手の健康や発展を祈るあいさつ
締めくくりのあいさつ → 結語

ソフトにまとめたいなら話し言葉調で

話し言葉の「こんにちは」にあたるのが頭語で、「拝啓」が代表格です。また、「さようなら」にあたるのが「敬具」などの結語です。

「拝啓」と「敬具」は、どちらも「謹んで申し上げます」という意味があります。

頭語・結語は、手紙の内容によって、正しい組み合わせを用いることがたいせつです。

礼儀正しい手紙にしたいとき、仕事上の連絡をするときには左表の「男女兼用」の漢語表現、親しみを込めたいとき、やわらかい印象にしたい女性の手紙では、話し言葉調の表現を使います。

Memo 「前略」は前文すべてを省略すること

前文に含まれる、季節のあいさつや安否を問うあいさつをすべて略すのが「前略」です。

○ **前略　ご入院と伺い、驚いています。**
○ **前略　＊＊の件でご連絡いたします。**

など、とるものもとりあえず手紙を出すときに用います。

× **前略　お元気ですか。**
× **前略　寒い日がつづいていますね。**

など「前略」のあとに、前文の要素を加えるのは誤りです。

頭語と結語の組み合わせ

手紙の種類	具体的な例	頭語 男女兼用	頭語 主に女性が使う書き出し	結語 男女兼用	結語 主に女性が使う
一般的な手紙	左欄の例以外全般	拝啓／拝呈／啓上	一筆申し上げます	敬具／敬白／拝具	かしこ ※漢語（男女兼用）の頭語で始めたときは使わない（男女兼用の結語を使う）。 ※仕事上の手紙では用いない。
正式な手紙	冠婚葬祭など儀礼的な用件	謹啓／謹呈／恭啓	謹んで申し上げます	謹言／謹白／敬白	
前文を略す手紙	事務的な連絡・とり急ぎのお見舞いなど	前略／冠省	前略ごめんください／前略失礼いたします	草々／不一／不備	
急用のとき	とり急ぎの連絡・おわび状など	急啓／急呈	とり急ぎ申し上げます	草々／不一／不備	
相手の手紙への返信	送り状に対するお礼状・依頼状に対する返事など	拝復／復啓／謹復	お手紙ありがとうございました	敬具／拝答／敬答	
初めて手紙を出すとき	面識のない相手への依頼やお礼など	拝啓／拝呈／啓上	初めてお便りをさし上げます／突然お便りをさし上げる失礼をお許しください	敬具／敬白／拝具	
重ねて手紙を出すとき	相手からの返事が来る前に再度連絡するとき	再啓／再呈	重ねて申し上げます／たびたび失礼ながらお便りいたします	敬具／敬白／拝具	

チャート式でらくらく作成

書き始めのあいさつ

書き出し	結び
頭語 → 書き始めのあいさつ	相手の健康や発展を祈るあいさつ 締めくくりのあいさつ → 結語

手紙の書き出しは、一般的に、頭語と時候（季節）のあいさつ（Part2）のあとに、

・安否のあいさつ　・慶賀のあいさつ

・感謝のあいさつ　・ご無沙汰のおわび

を必要に応じて加えていきます。これらは、ある程度形が決まっているので、状況に合った言葉を組み合わせていくのが効率的です。

★の数はフォーマル度をあらわしています。

安否・慶賀のあいさつ（相手側について）

START

＊＊様／皆様／ご家族様

貴社（院／行など）

安否のあいさつ（自分の安否）

START

私も／私どもも／当方も

★は

★★には
★★★におかれましては

★★ますます／★★いよいよ

★★ご健勝（健康である）
★★ご清祥（元気でめでたく暮らす）
★★ご清栄（健康で繁栄している）

★★ご隆昌（仕事の勢いが盛ん）
★★ご隆盛（仕事の勢いが盛ん）

★★のことと

★★存じます。
★★★お喜び申し上げます。
★★★拝察いたします。
★★★心よりお喜び申し上げます。

GOAL

★お元気でしょうか。
★お元気でお過ごしでしょうか。
★いかがお過ごしでしょうか。

おかげさまで
※省いてもよい

GOAL

★★元気に暮らしております
★★無事に過ごしております
★★★無事消光（月日を送ること）しております

＋

★★ので、ご安心ください。
★★★ので、他事ながらご休心ください。

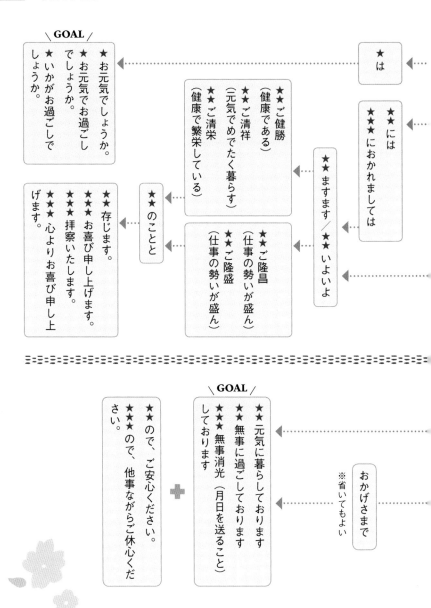

感謝のあいさつ

START

日ごろは／平素は／先日は／その節は

★ いろいろとお世話になり、
★★ なにかとお心にかけていただき、
★★ 親身なご指導をいただき、
★★★ 格別のご高配を賜り、
★★★ 格別のご厚情にあずかり、

GOAL

★★ ほんとうにありがとうございます。
★★★ まことにありがとうございます。
★★★ 心より（厚く）御礼申し上げます。
★★★ 心より（深く）感謝しております。

ご無沙汰のおわび（感謝のあいさつのかわりに）

START

日ごろは／平素は

心ならずも

★★ ご無沙汰いたしまして
★★★ ご無音《ぶいん》に打ちすぎまして
（音信がとだえていたことを示す手紙用語）

GOAL

★★ 申しわけありません。
★★★ （たいへん）申しわけなく存じております。
★★★ （まことに）恐縮しております。
★★★ （なにとぞ）お許しください。

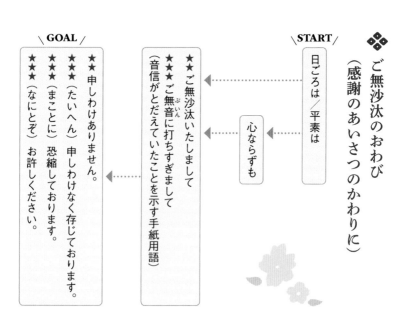

目的別

締めくくりのあいさつカタログ

書き出し	結び
頭語→書き始めのあいさつ	相手の健康や発展を祈るあいさつ 締めくくりのあいさつ→結語

【相手の健康と無事を祈るあいさつ】

★どうぞおからだに気をつけて。

★★時節柄くれぐれもご自愛ください。

★★末筆ながら、皆様のご健勝（ご多幸）を心よりお祈りいたします。

★★★＊＊様のご健勝と、貴社ますますのご発展を心よりお祈り申し上げます。

【用件をまとめるあいさつ】

★まずは＊＊（御礼／お祝いなど用件）まで。

★★まずはとり急ぎ＊＊申し上げます。

★★まずは用件のみにて失礼いたします。

★★★略儀ながら書中にて＊＊申し上げます。

【今後につなげるあいさつ】

★★今後ともどうぞ（なにとぞ）よろしくお願いいたします。

★★★今後ともどうぞよろしくご指導（ご指導ご鞭撻／ご教導）くださいますよう、心よりお願い申し上げます。

★★★今後も倍旧のご厚情（ご支援／ご愛顧）を賜りますよう、心よりお願い申し上げます。

【伝言を依頼するあいさつ】

★皆様によろしくお伝えください。

★★末筆ながら、皆様にくれぐれもよろしくお伝えください。

※季節感を盛り込む表現はPart2をごらんください。

礼儀にかなう便箋・封筒・はがき・切手を準備しましょう

白無地にけい線入りの便箋と封筒がオールマイティー

便箋は、白無地の縦書き用、けい線が広めのものをまずそろえましょう。けいが細いと、文章量が多くなり、文字の配置がむずかしくなります。

封筒は、縦型の和封筒（長形5号）が基本で、便箋と同じ紙質のものが無難です。便箋と封筒の紙質や色柄が違うと、あり合わせのものを使ったようで、よい印象を与えません。

色柄入りはカジュアルなものなので、親しい間柄の相手なら使えます。なお、薄いクリーム色・水色の無地便箋と封筒なら、あらたまった相手や用件の手紙に用いてもかまいません。

白無地にけい線入りの「はがき箋」も便利アイテム

郵便局などで売られている郵便はがきは、書いてすぐにポストに投函できるので簡便です。しかし、全くの無地で、けい線がないため、文字をまっすぐに、通信面にきちんとおさまるように書くのが意外とむずかしいものです。

手紙を書き慣れていない人は、文具店で売っているけい線入りの「はがき箋」がおすすめ。ただし、はがき箋の場合は、切手を別に準備しなくてはなりません。手間とお金はかかりますが、郵便はがきより「お手軽」なイメージが少なく、心がこもっている印象を与えることができます。

切手は複数枚を組み合わせず、できれば額面の切手1枚だけに

封書（25g以内）は84円切手、はがき箋には63円切手をはります。郵便局やコンビニなどで販売されている普通切手でよいのですが、好みのデザインの特殊切手（記念切手）を購入しておき、目的や季節に合わせて使い分けると「切手にも気を配る人」として、好印象を与えます。

逆に、80円と1円の切手で84円にしたり、過去の年賀切手をはったりすると、間に合わせに使ったようで、気持ちがこもっていない手紙になってしまいます。

なお、使いそびれた切手類は、郵便局で、1枚5円の手数料で交換できるほか、ゆうパックの送料として手数料なしで使うことができます。

封筒のととのえ方①和封筒・基本
あて名は中央に、住所より大きく書きます

【表・あて名】
郵便番号枠をガイドラインにして文字の配置をそろえると書きやすい

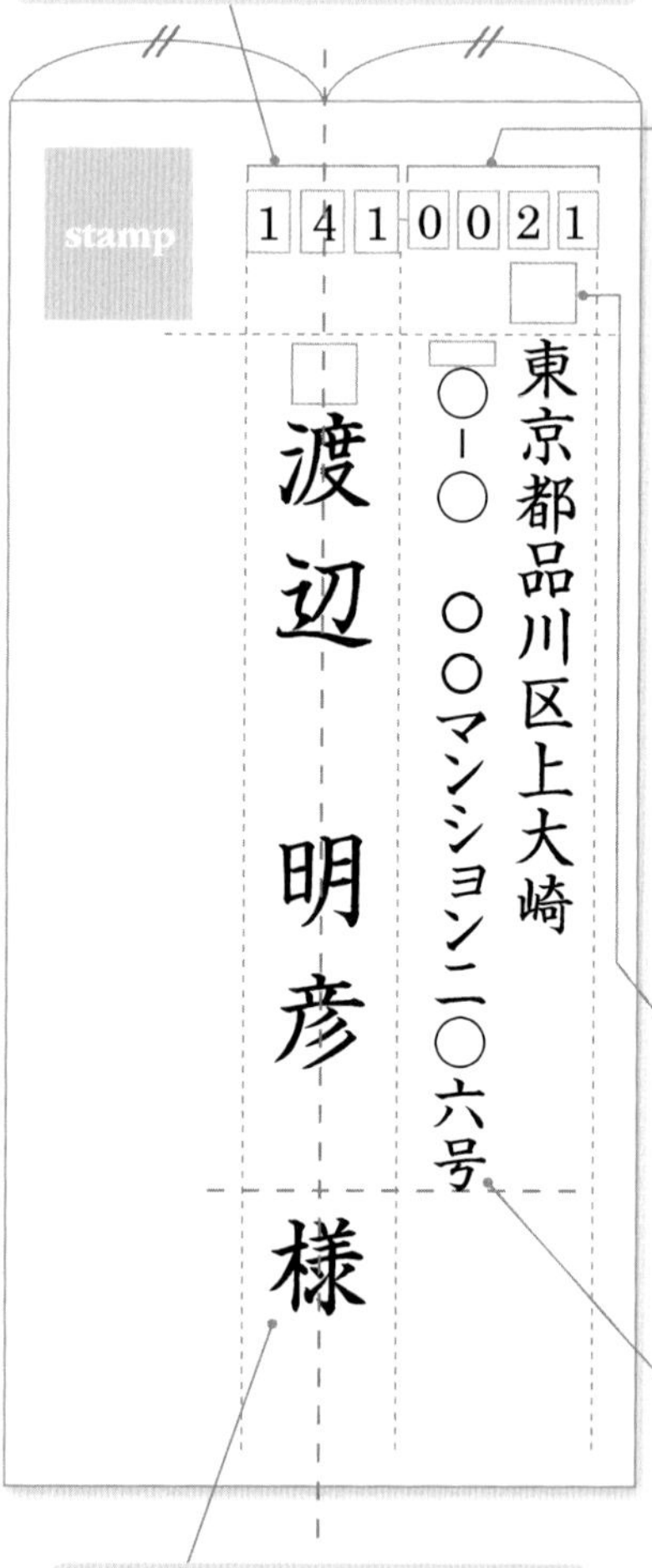

❶【住所の位置】
郵便番号枠の右4ケタの幅内におさめるように書くのが目安。

❷【住所１行目】
枠の１㎝ほど下から住所を書き始める。

❸【住所２行目】
少し行頭を下げ、１行目より小さめの文字で書く。

❹【あて名】
郵便番号枠の左から２つ目が封筒のほぼ中央。あて名はその中央線の上に、住所よりも大きめの文字で書く。

❺【敬称】
「様」が住所の行末より下になるようにすると、バランスよく見える。

【裏・差出人の住所、氏名】

現在は住所、差出人名ともに左側に寄せて書くのが一般的

❺【封字】
「きちんと封をしました」という意味で、ふたと本体の両方にかかる位置に「〆」と書く。

❹【日付】
郵便番号枠の上部に書く。

❶【位置】
郵便番号枠が印刷されている場合は、枠の幅内に住所、差出人名がおさめるように書く。

❷【差出人名】
住所より大きめの文字で。最後の文字が住所の行末と同じ、またはやや下になるようにすると美しく見える。

❸【封筒の合わせ目】
正式には、封筒の合わせ目の右に住所、左に差出人名を書くが、現在は郵便番号枠の印刷に合わせて左側に寄せて書くのが主流。

Memo

封筒の合わせ目の左右に住所と差出人名を分けて書くのが本来の方法

左のように書くのが本来のしきたりでした。しかし、現在は、郵便番号枠が左側に印刷されている封筒が一般的になり、マナーも変化しています。

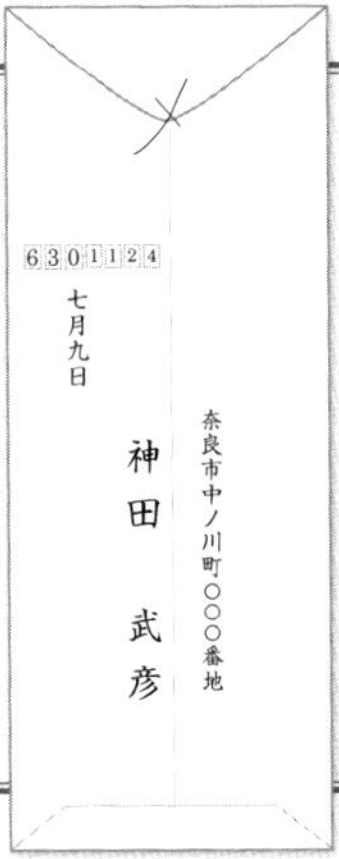

封筒のととのえ方②和封筒・応用
連名のときはそれぞれに「様」をつけます

【会社あてに出すとき】
役職名（肩書き）は名前の上に小さく書く

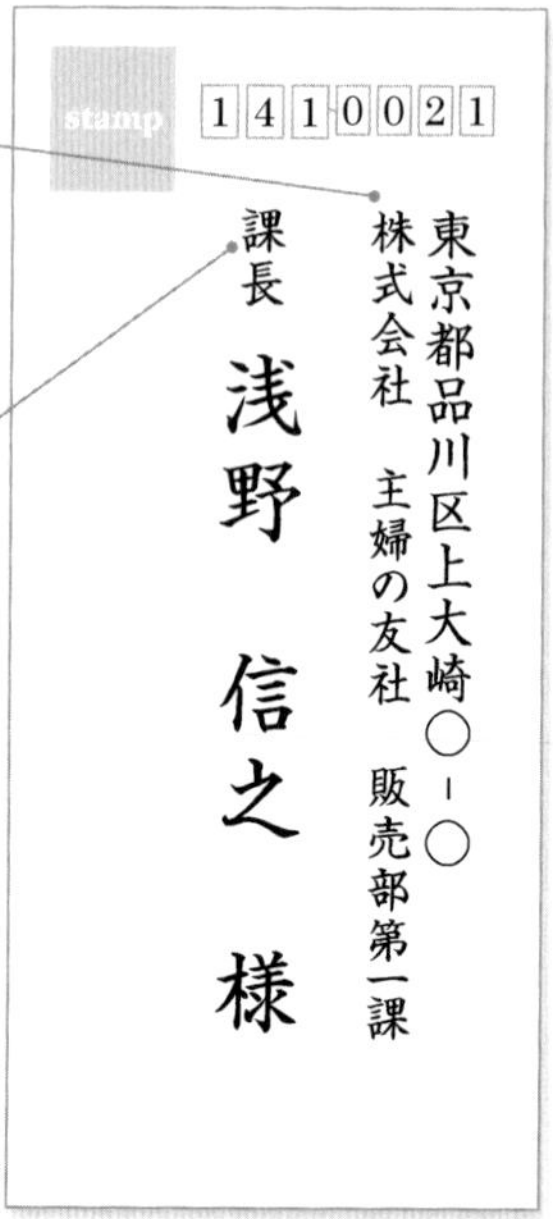

❶【社名】
行頭から書く。（株）などと略さずに正式な社名で。

❷【役職名】
名前の上に小さい文字で書く。

【役職名が長いとき①】
区切りのよいところで改行して2行にする

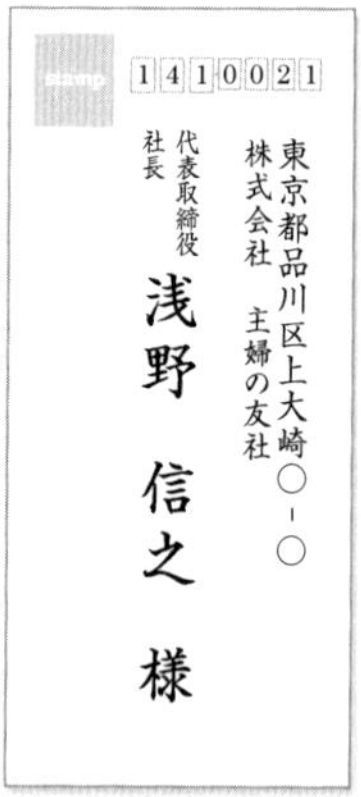

【役職名】
「代表取締役社長」など5〜10文字の場合は「代表取締役」「社長」と2行にする。

【役職名が長いとき②】
名前の右に小さく添えてもよい

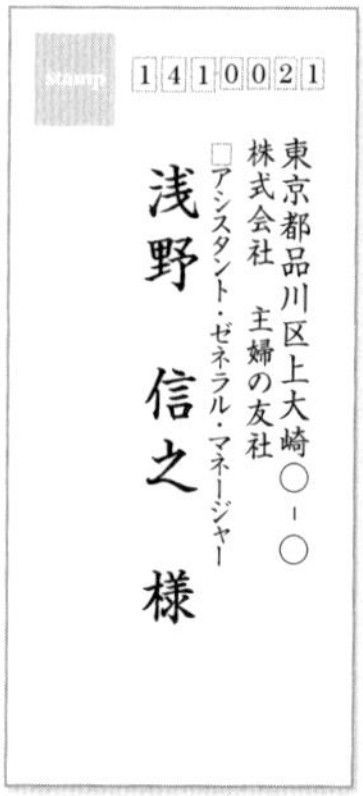

【役職名】
10文字以上の場合は、社名・部署名の次の行に1字分程度下げて書く。

【あて名を連名にするとき】

「様」などの敬称は一人ずつにつける

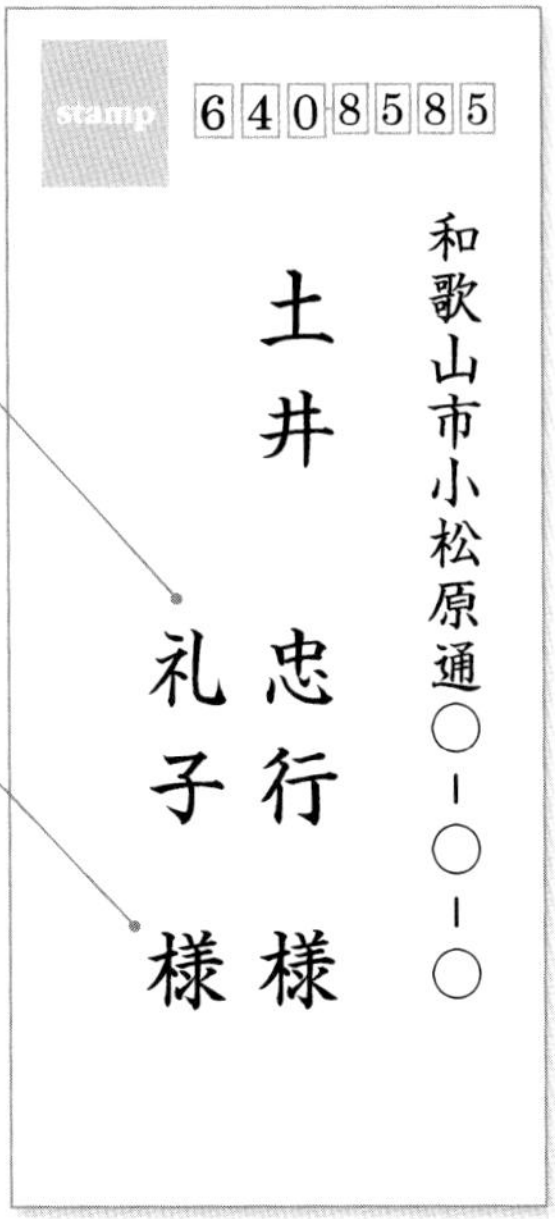

❶【連名】
夫婦など、同姓の場合は、下の名前だけを並べて書く。

❷【敬称】
２人分を兼用させて「様」を１つだけ、あるいは２人目の名前に「様」をつけないのはNG。

【寄宿先（里帰り出産中の女性や、子どもの家に同居する親あて）に送るとき】

相手は「○○様方」、自分なら「△△方」

【寄宿先】
あて名の右肩に小さく「○○様方」と書く。

【家族の代筆で出すとき】

代筆であることを明記する

【代筆】
本来の差出人名を書き、左下に小さく「代」と書く。妻が夫の代筆をする場合には「内」または「内　由美子」などとすることもある。

封筒のととのえ方③洋封筒
縦長において左上の位置に切手をはります

【洋封筒に縦書き（表）】

幅広なので、行間のバランスを考えて書く

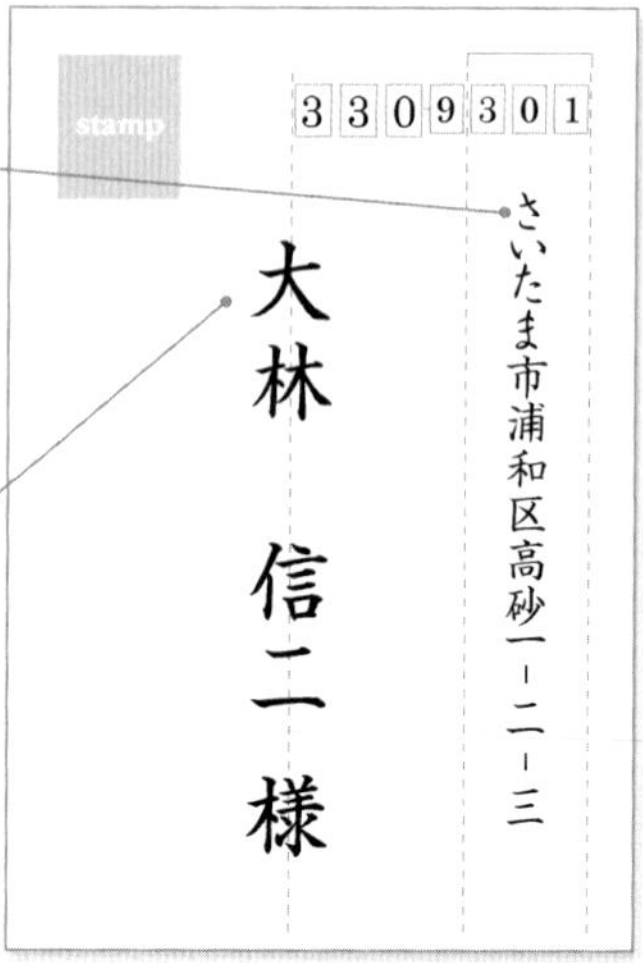

❶【住所】
郵便番号枠の右３ケタ分の幅内に書く。和封筒より幅広なので、バランスに注意。

❷【あて名】
郵便番号枠の左端が、封筒のほぼ中央。あて名はその中央線の上に、住所よりも大きめの文字で書く。

【洋封筒に横書き（表）】

切手は右上に。左上にはらないよう気をつけて

❶【切手】
読みとりシステムの都合上、洋封筒を横おきで使う場合は右上に切手をはる。

❷【あて名】
封筒の中央線より下になるように書くと重心が定まり、バランスよく見える。

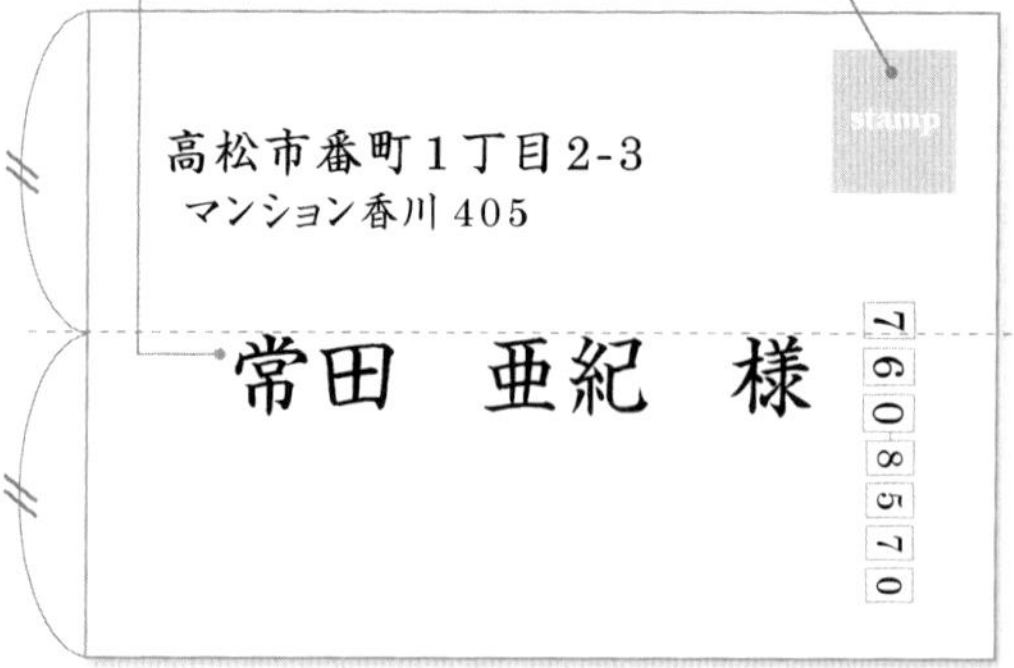

【洋封筒に縦書き（裏）】

封字（メ）は書かなくてもよい

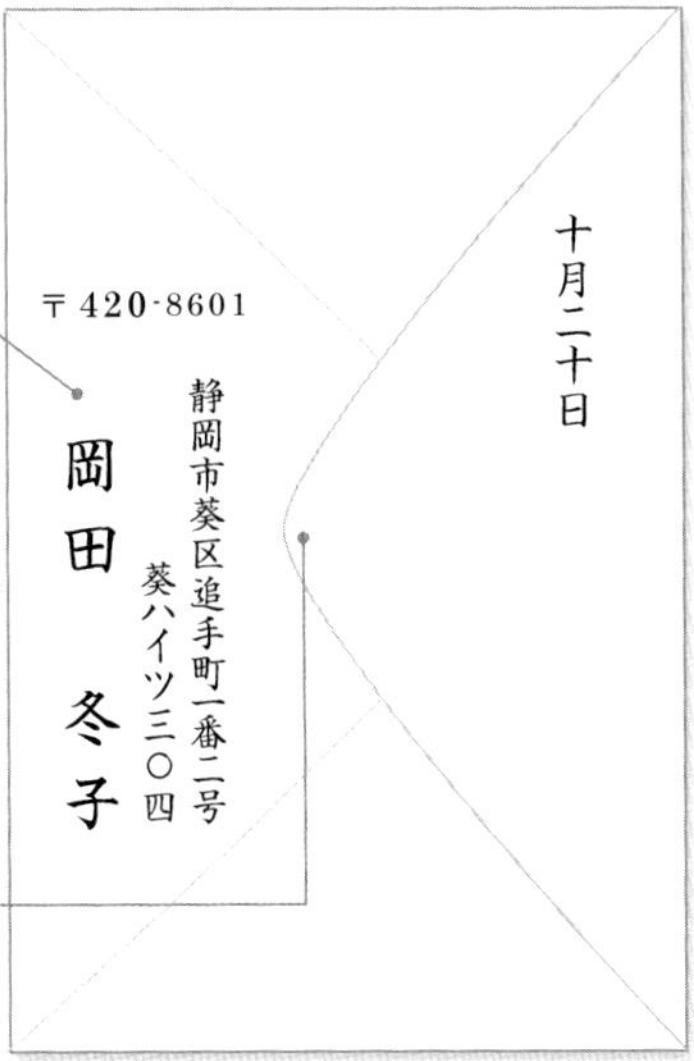

❶【住所、差出人名】
封筒の合わせ目に文字がかからないように書く。

❷【封字】
洋封筒の場合は「メ」は書かなくてもよい。欧米では「〆」などの封字ではなく、シーリングワックスというロウを封のしるしにしていたため。また「メ」が「×」に見え、あらぬ誤解を生むこともある。

【洋封筒に縦書き（裏・弔事の場合）】

左からふたをかぶせる向きで使う

【封筒の向き】
弔事のときは、通常と逆の「左封じ」にするという日本の慣習にならって、封筒も逆向きに使う。この場合は、郵便番号枠が印刷されていない封筒を選ぶ。

【洋封筒に横書き】

横書きの場合は、算用数字を使う

【住所、差出人名】
縦書きの場合と同様、封筒の合わせ目に文字がかからないように書く。住所の枝番や日付は算用数字を使うのが自然。

はがきのととのえ方
郵便番号枠をガイドラインにしてバランスよく

【通常はがき・はがき箋（裏が通信面）】
郵便番号枠の幅の中にあて先をおさめるように書く

❶【住所】
郵便番号枠の右3ケタ分の幅内におさめるように書く。

❷【あて名】
郵便番号枠の左端と2つ目の間がほぼ中央。あて名はその中央線の上に、住所よりも大きめの文字で書く。

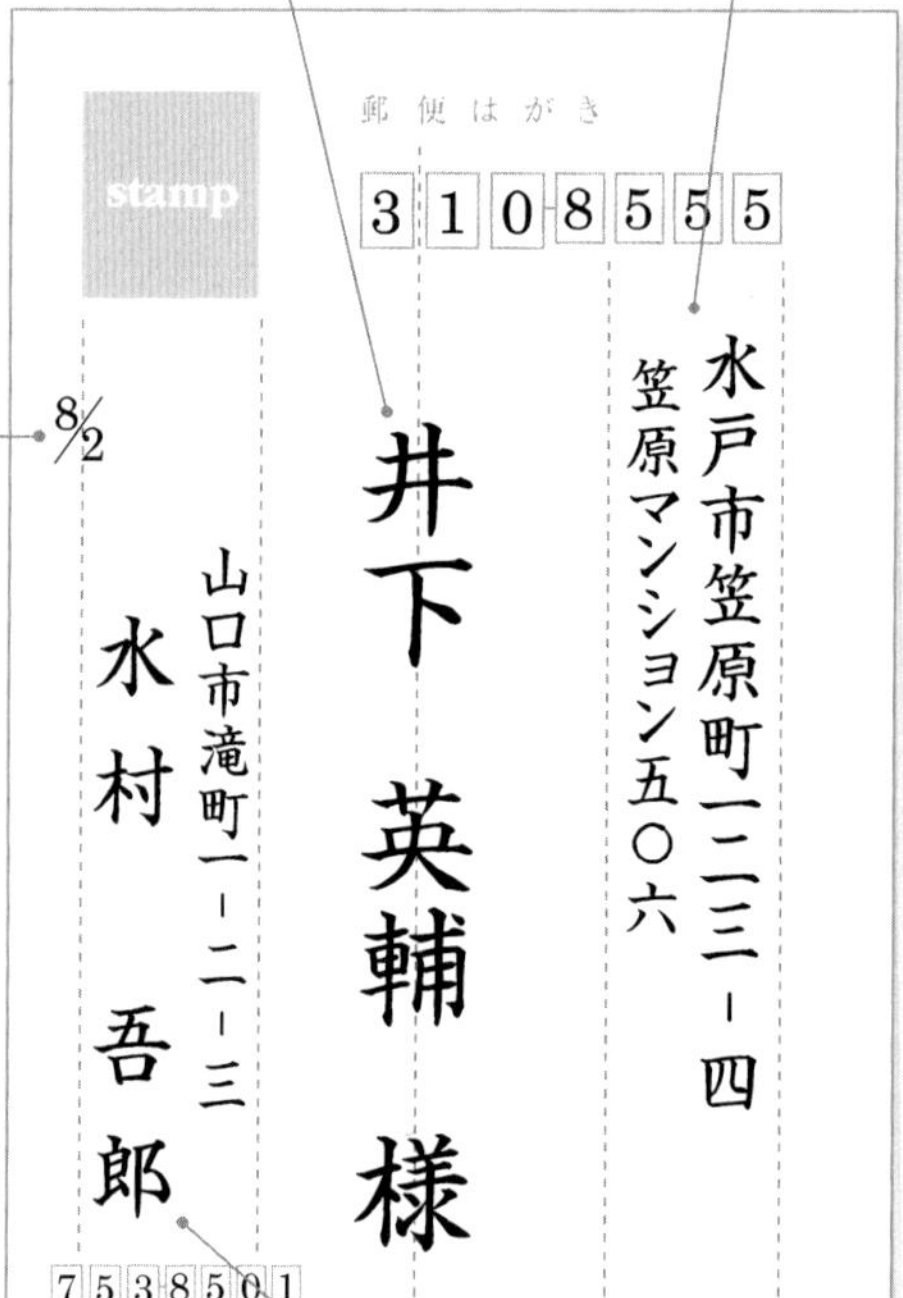

❸【差出人の住所、氏名】
切手部分の幅内におさめるように書く。

❹【日付】
スペースがあれば「○月○日」とするのがよいが、はがきの場合は略記してもよい。

【絵はがき・ポストカード（縦書き）】

はがきの上半分にあて先と差出人の住所、氏名を書く

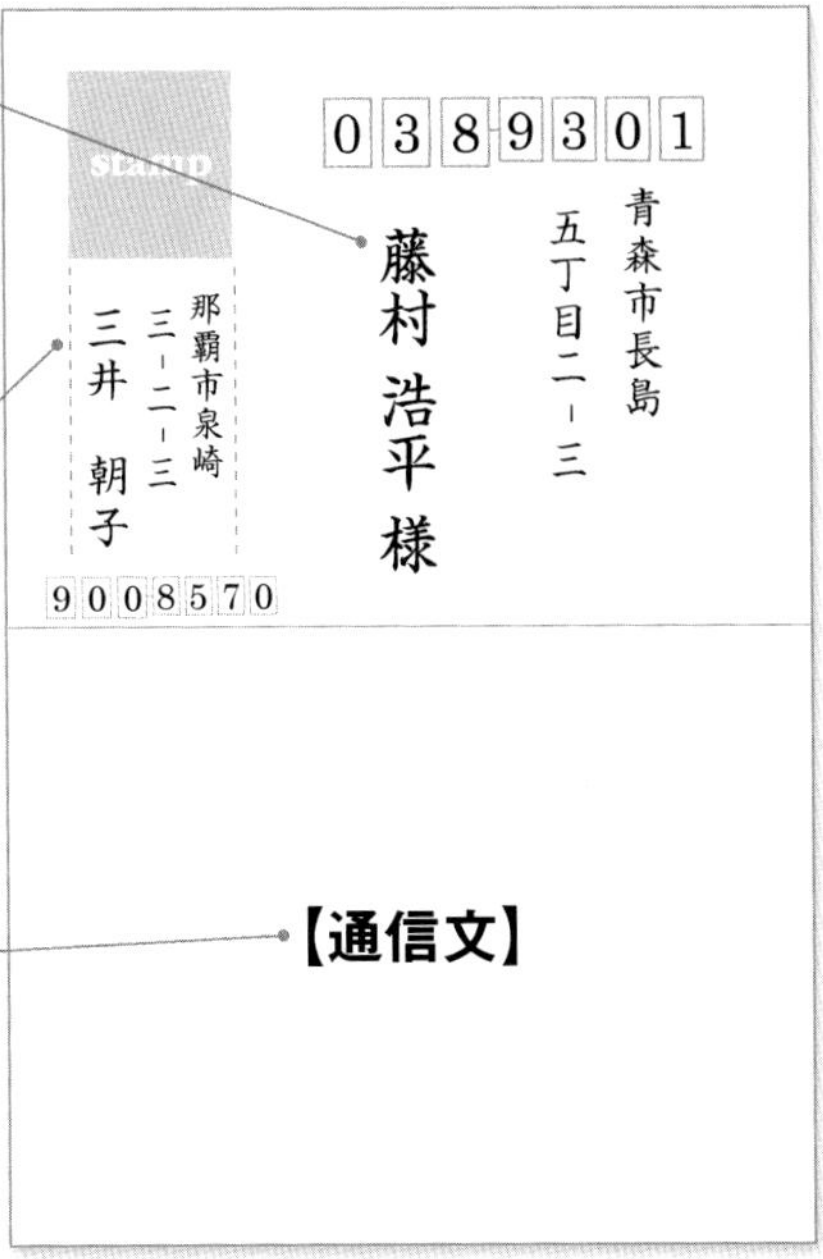

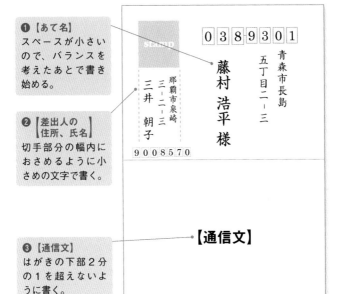

❶【あて名】
スペースが小さいので、バランスを考えたあとで書き始める。

❷【差出人の住所、氏名】
切手部分の幅内におさめるように小さめの文字で書く。

❸【通信文】
はがきの下部2分の1を超えないように書く。

【絵はがき・ポストカード（横書き）】

左側に文章を書き、右上に切手をはる

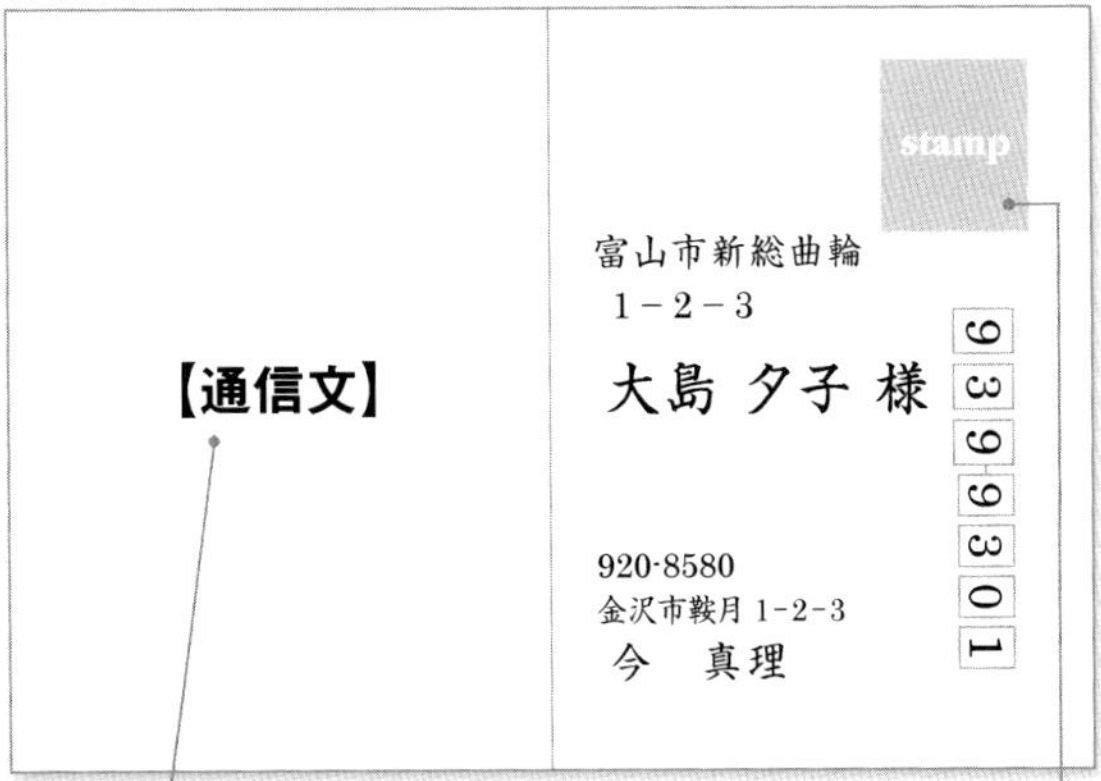

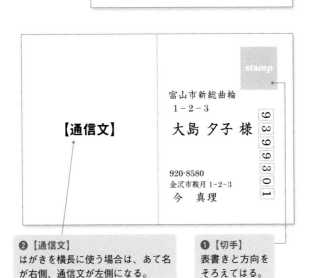

❷【通信文】
はがきを横長に使う場合は、あて名が右側、通信文が左側になる。

❶【切手】
表書きと方向をそろえてはる。

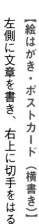

便箋の折り方と封筒への入れ方

相手が開封して便箋を開いたら書き出し部分が見えるようにする

便箋の折り方は何とおりも考えられますが、封筒から便箋をとり出して開いたときに、手紙の書き出しが目に入るように折ることが大事です。

また、開封するときに便箋をハサミで切ってしまわないよう、折り山が上にならない向きにし、封筒の下部までさし入れましょう。

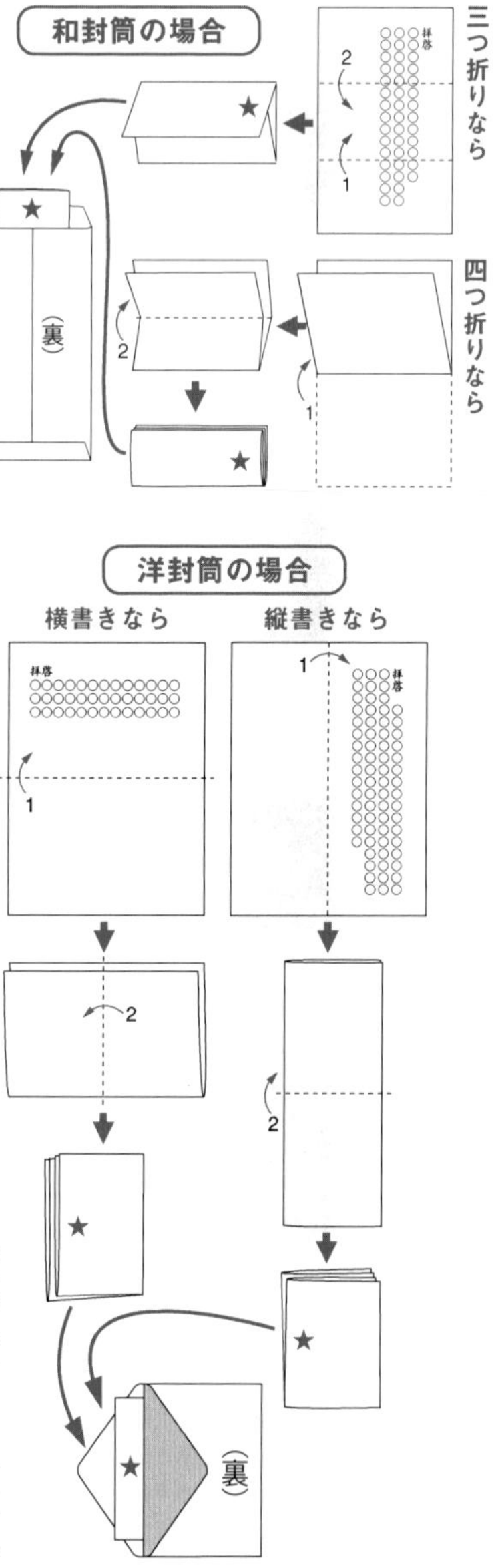

※★が見えるように入れる。

Part 2

季節のかたち

四季折々の風情を感じさせる書き出しと結び

日本では、春夏秋冬のこまやかな移り変わりを、五感で感じることができます。

昔から伝わる二十四節気、七十二候をうまく使い、忙しい日常でつい忘れてしまいがちな趣のある言葉で、季節感を相手に届けましょう。

※なお、「歳時記キーワード」で紹介しているイベントは、新型コロナウイルス対策のため、中止または延期となっている場合があります。

季節の移ろいを繊細にあらわす

二十四節気と七十二候

Point 1 二十四節気は、春夏秋冬をそれぞれ6つに分けたもの

二十四節気は、左図のように、一年を春夏秋冬の4つの季節に分け、さらにそれぞれを6つに分けた形になっています。そもそもは、6世紀に中国から日本に伝わり、千年以上も使われていた暦です。現在の暦は、太陽暦と呼ばれるグレゴリオ暦ですが、二十四節気の「立春」「春分」「夏至」などは、いまでも季節をあらわす言葉として日常的に使われています。

本来の一年は約365・25日です。これを24分割するため、二十四節気はその年によって1日程度前後します。

Point 2 二十四節気をさらに3つに分けたのが七十二候

二十四節気のそれぞれを、さらに「初候」「次候」「末候」の3つに分け、一年を72等分にしたのが、七十二候です。二十四節気よりも、さらに深くこまやかに、自然や気候、動植物の動きの目安を示しています。約5日ごとに、微妙に、しかし確実に移ろう季節の変化をあらわす言葉は、農耕や漁業にたずさわる人々にとって大きな助けになってきました。

漢字2文字だけの二十四節気にくらべて趣のある表現が多く、気候の変化や動植物の生態が生き生きと感じられるのも大きな魅力です。

春夏秋冬と二十四節気

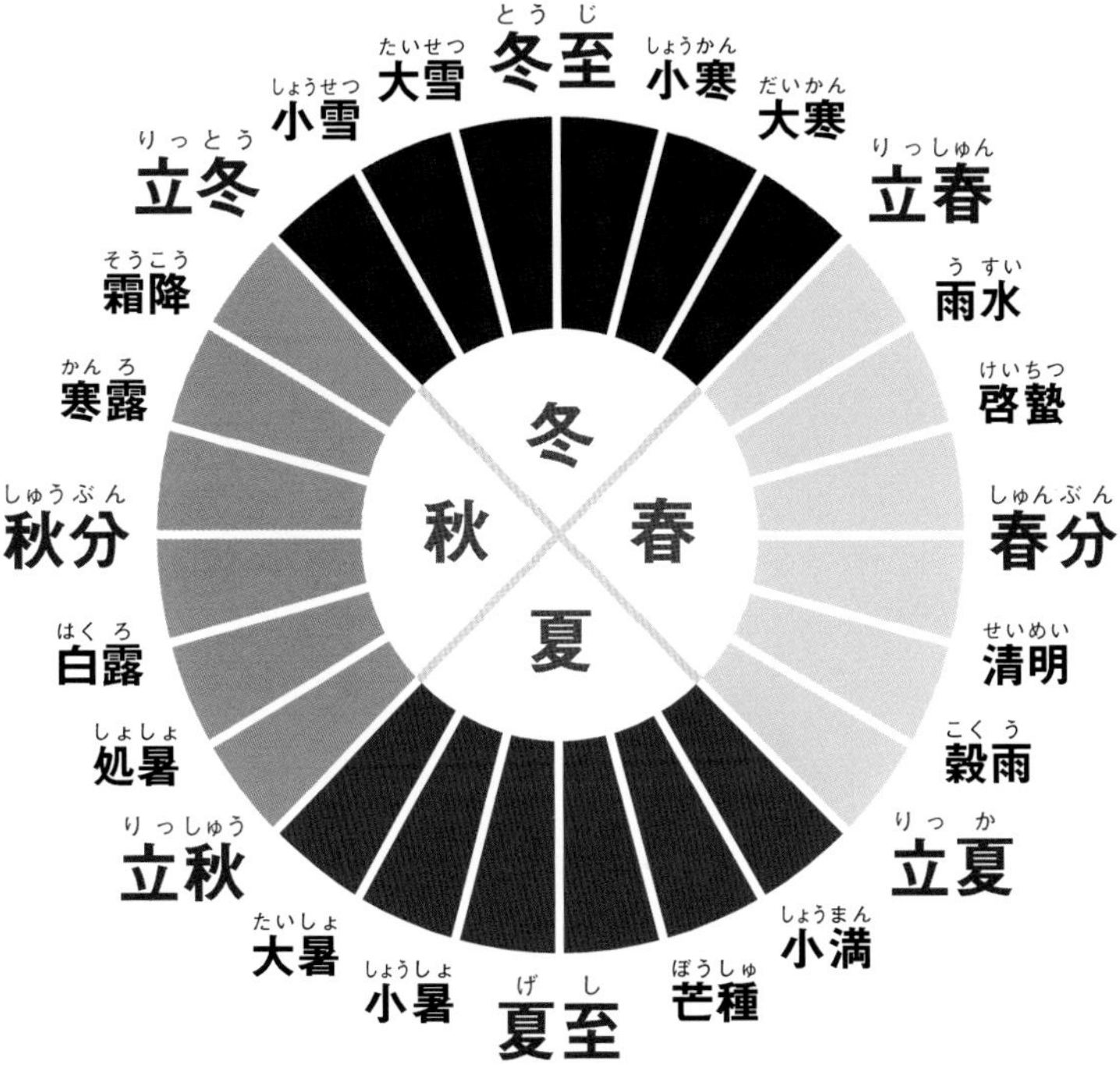

二十四節気は、最も日照時間の短い**冬至**、最も日照時間の長い**夏至**、この２つのちょうど中間に位置し、昼と夜の長さがほぼ同じ**春分・秋分**の「二至二分」を基準として作られました。二至二分のさらに中間に「立春」「立夏」「立秋」「立冬」という暦の上での季節の区切りがあるため、結果的に春夏秋冬を６つに分けることになっています。

春に書く手紙のポイント

Point 1 マイナス要素の言葉で文章を結ばない

立春は2月4日ごろ。そのため、テレビなどでは「暦の上では春というのに、寒い一日でした」などのフレーズがよく聞かれます。

しかし、手紙などの書き言葉では、「暦の上では春（プラス要素）だが、まだ寒い（マイナス要素）」と結ぶと、文章全体が暗い印象になってしまいます。

こんなときは

◆まだ寒いけれど、暦の上では春（、本格的な春の到来も間近）ですね。

◆余寒の候ですが、ご健勝のことと存じます。

など、順番を逆にしたり、安否のあいさつにつなげたりすると、前向きな文章になります。

Point 2 春は新しいことが始まる時期

卒業、入学、転勤などで環境に大きな変化が起こることが多い季節です。親しい人へは、

◆お子様の卒業（入学）式もまもなくですね。

◆＊＊様がそちらに赴任なさって、もう＊年になりますね。

など、相手やその家族の状況を思い浮かべながら具体的に書くと、心の通った書き出しのあいさつになります。

Point 3 桜の開花時期は地域で違うことに注意して

「桜」「花便り」などは、春の時候のあいさつにぴったりの言葉です。ただ、日本は南北に長いため、地域によって桜の開花時期が大きく違うことを頭に入れておきましょう。

早いところでは3月下旬に開花しますが、北海道での見ごろはゴールデンウイークごろです。自分の住んでいる地域を中心に考えると、相手の感覚とはずれることがあります。

◆**御地は、桜が満開のころでしょうか。**
◆**そちらは春の桜祭りでにぎわっていることでしょうね。**

など、先方の地域の状況を思いやりながら表現を選ぶと、相手の心に届くあいさつになります。

桜開花予想（平年）

立春《りっしゅん》

2月4日ごろ（〜18日ごろ）

文字どおり「春立つ」時節。寒さが峠を越え、春に向かうという意味です。旧暦では、この日が一年の始めとされていました。

七十二候

初候	次候	末候
東風解凍（こち　こおりを　とく） あたたかい春風が東から吹き、川や池の氷を解かし始めるころ。中国では、東が春をあらわす方位だった。	**黄鶯睍睆**（うぐいす　なく） 「春告げ鳥」の別名もあるうぐいすが鳴き始めるころ。	**魚上氷**（うお　こおりを　いずる） 水がぬるみ、表面に張っていた氷から魚が飛び出してくるころ。「いずる」という表現に春の力強さを感じさせる。

歳時記キーワード

初午……2月の最初の午の日。油揚げを供える稲荷神社の祭り。きつねは稲荷の使者と考えられており、稲荷神社では、きつねの好物とされる油揚げを供えるのがならわし。

建国記念の日（2月11日）……もともとは、日本の初代天皇・神武天皇が即位したとされる祭日「紀元節」。戦後、廃止されたが、名称を変えて1966年から国民の祝日となった。

バレンタインデー（2月14日）……主にキリスト教圏で「愛の日」とされ、花やお菓子を贈る（あるいは贈り合う）習慣があるが、日本では女性が男性にチョコレートを贈る例が多い。

書き出しの文例（時候のあいさつ）

【漢語調のあいさつ】（「候」は「みぎり」でもＯＫ）

◆立春の候　◆早春の候　◆余寒の候
◆浅春の候　◆梅花の候　◆春寒の候

【話し言葉調のあいさつ】

★余寒お見舞い申し上げます。
★恵方巻のポスターばかり目に入っていたのに、今はバレンタインデーに変わりましたね。
★そちらは、冬祭りでにぎわっていることでしょうね。
★まだまだ寒い日がつづいていますが、暦の上では春となり、気分が明るくなります。
★★余寒お伺い申し上げます。（Ｍｅｍｏ参照）
★★ようやく日足も伸びてきたようで、心弾むこのごろです。

結びの文例

★本格的な春を楽しみに、まずは＊＊まで。
★まだまだ寒い日がつづきますので、お風邪など召しませぬように。
★★余寒厳しき折から、どうぞくれぐれもご自愛くださいませ。
★★梅のほころびを心待ちにしながら、まずは書中にて＊＊申し上げます。

Memo

目上の方へは「お見舞い」ではなく「お伺い」
「見舞う」は「訪れて慰める」という意味で、相手への敬意は込められていません。目上の方に対しては「余寒お伺い申し上げます」とするのが礼儀正しい表現です。「暑中見舞い」「残暑見舞い」なども同様です。

雨《う》水《すい》

2月19日ごろ（～3月5日ごろ）

雪が雨に、氷が水に――春の訪れを感じるころ。この時期の雨は、花や樹木の恵みとなる養花雨《ようかう》、甘雨《かんう》、慈雨《じう》とも呼ばれます。

七十二候

初候	次候	末候
土脉潤起（つちのしょう　うるおいおこる） 雪が解け始め、土にうるおいをもたらすころ。土がやわらかくなったことで、農耕の準備も始まる。	**霞始靆**（かすみ　はじめて　たなびく） 大気が湿りこまかなちりがふえて、景色がぼやける春がすみがたなびくころ。幻想的な風景は古くから愛されてきた。	**草木萌動**（そうもく　めばえ　いずる） 草木の新しい生命が、いっせいに力強く芽生え始めるころ。「動く」という表現が、本格的な春の躍動感をあらわしている。

歳時記キーワード

三寒四温……3日間ほど寒い日がつづき、次の4日間はあたたかい、そしてまた寒さがぶり返すなど、寒暖が繰り返される早春の現象。

ひな祭り……3月3日。桃の節句ともいわれ、女の子の美しい成長と幸福を願う行事。

ちらしずし……彩り豊かで春らしく、ひな祭りの定番のごちそうとされている。寿司は「寿」を「司る」ことから祝い事によく供される。

はまぐり……2枚の貝殻は、ほかの貝殻とはけっしてぴったりとは合わない。このことから、仲のよい夫婦の象徴として、ひな祭りなどの祝い事に用いられる。

書き出しの文例（時候のあいさつ）

【漢語調のあいさつ】（「候」は「みぎり」でもＯＫ）

◆早春の候　◆余寒の候　◆浅春の候
◆解氷の候　◆梅香の候　◆梅花の候

【話し言葉調のあいさつ】

★梅の香りがただよう春霞の候となりました。
★春一番が吹き、寒さもようやくやわらいできたようでございます。
★お嬢様は、まもなく初節句をお迎えですね。
★日増しに春めいてまいりました。
★★春まだ浅いころではございますが、お変わりなくお過ごしのこととお喜び申し上げます。
★★ひと雨ごとに寒さのゆるむ今日このごろでございますが、ご健勝にお過ごしのことと存じます。
★★三寒四温の日がつづき、本格的な春の到来が待ち遠しく存じます。

結びの文例

★お互いの春が、すてきなものになりますように。
★季節の変わり目ですので、くれぐれもご自愛くださいませ。
★★春寒の折でございますので、お体をたいせつになさってくださいませ。
★★すこやかな春を迎えられますようお祈りいたしております。

Memo

「雨水の候」は違う表現におきかえて

漢語調のあいさつでは、二十四節気の2文字をそのまま使って「＊＊の候」とする場合があります。ただ「雨水の候」は、現在は「あまみず」と読む人が多く、本来の趣が伝わりにくいので、違う表現を用いるのが無難です。

啓《けい》蟄《ちっ》

3月6日ごろ（〜20日ごろ）

「蟄」は、虫や動物が地中にこもって冬を越すこと。「啓」は、閉じていたものが開き、明るい場所に導かれるという意味です。

七十二候

初候	次候	末候
蟄虫啓戸（すごもりむし　とをひらく） 冬ごもりしていた虫たちが、春の戸（土）を開いてはい出してくるころ。人間に見立てた「戸を開く」という表現が、春の力強さを感じさせる。	**桃始笑**（もも　はじめて　さく） 桃のつぼみが咲き始めるころ。「笑う」にはつぼみが開く、あるいは花が咲くという意味もある。	**菜虫化蝶**（なむし　ちょうとなる） 菜虫（青虫のこと）が、美しいちょうに姿を変えるころ。

歳時記キーワード

東大寺お水取り……東大寺・二月堂（奈良県）で行われる、奈良時代からつづく伝統行事。3月12日深夜に、観音様に供える「お香水《こうずい》」を若狭井という井戸からくみ上げる儀式が行われる。

春日祭……世界遺産の春日大社（奈良県）の例祭。現在は、3月13日に開かれている。宮中の名代が、国家の安泰と国民の繁栄を祈り「勅使参向行列」が行われる。

彼岸の入り……春分の日（3月21日ごろ）を中心とした前後各3日間を春の彼岸といい、その初日（18日ごろ）を彼岸の入りという。

書き出しの文例（時候のあいさつ）

【漢語調のあいさつ】（「候」は「みぎり」でもOK）

◆早春の候　◆軽暖の候　◆弥生の候
◆春色の候　◆水ぬるむ候　◆春分の候

【話し言葉調のあいさつ】

★野山に春の息吹を感じるころとなりました。
★お子様の卒業式も間近となり、なにかとお忙しい日々をお過ごしのことと存じます。
★このたびは、ご子息様の大学ご卒業おめでとうございます。親御さんとしても、子育て卒業の喜ばしい節目ですね。
★★桃のつぼみもふくらんでまいりましたが、皆さまお元気にお過ごしのことと存じます。
★★やわらかな春雨に、草木が喜ぶ様子が伝わってくるころとなりました。
★★花の便りも聞かれるころとなりました。

結びの文例

★桜便りが待ち遠しいこのごろ、どうぞご自愛くださいませ。
★巣立ちの春を、心から応援しています。
★★皆さまがよき門出をお迎えになりますよう、ご多幸をお祈り申し上げます。
★★新天地でのますますのご活躍を心よりお祈り申し上げます。

Memo

手紙の敬語①　相手側の呼び方

	一般的な手紙	儀礼的な手紙
父親	お父様、お父上（様）	ご尊父様
母親	お母様、お母上（様）	ご母堂様
息子	息子さん、ご子息様	ご令息様
娘	お嬢さん、お嬢様	ご令嬢様

春《しゅん》分《ぶん》

3月21日ごろ
（〜4月4日ごろ）

昼と夜がほぼ同じ長さになる春分。これを過ぎると徐々に昼の時間が夜より長くなり、本格的な春の到来を迎えます。

七十二候

初候	次候	末候
雀始巣（すずめ　はじめて　すくう） すずめが巣を作り始めるころ。孵化したひなは2週間ほどで巣立つ。	**桜始開**（さくら　はじめてさく） 日本人にとって、昔から特別な意味を持つ桜が開花し始めるころ。「お花見」は、かつては貴族階級だけの楽しみだったが、江戸時代になってから庶民にまで広がったという。	**雷乃発声**（かみなり　すなわち　こえをはっす） （冬の間は見られなかった）雷が頻繁に鳴り始めるころ。

歳時記キーワード

春の彼岸……春分の日を中心とした前後各3日間をさす。彼岸というのは、仏の住む世界のこと。

ぼたもち……春に咲くぼたんに見立てて「ぼたもち」。秋に咲く萩に見立てた「おはぎ」と同じものをさす場合も多いが、地域によっては、あんや米の種類を変えて区別することもある。

エイプリルフール……4月1日。この日だけはうそをついてもよいという、ほぼ世界共通の風習。

入社式……その年度に入社する新入社員を一堂に集めた祝典で春の風物詩のひとつ。海外では、必要なときに人員を補充するスタイルのため、入社式というイベントはほとんど見られない。

書き出しの文例（時候のあいさつ）

【漢語調のあいさつ】（「候」は「みぎり」でもＯＫ）
◆春分の候　◆春暖の候　◆春光の候
◆春陽の候　◆春和の候　◆萌芽の候

【話し言葉調のあいさつ】
★春の空が美しく晴れ渡っております。
★吹く風もやわらかくなってまいりました。
★桜の便りが聞かれるころとなりましたが、お変わりなくお過ごしでしょうか。
★桜のつぼみもふくらみ始めました。
★四月からの新生活に向けて、準備にお忙しいころと存じます。
★★暑さ寒さも彼岸までと申しますように、日ごとに過ごしやすくなってまいりました。
★★桜の季節となり、皆さまには輝かしい陽春をお迎えのこととお喜び申し上げます。

結びの文例

★まもなく桜も咲きそうです。ことしはお花見をごいっしょしたいですね。
★新天地でのご活躍をお祈りしております。
★★年度末（新年度）を迎え、お忙しい毎日と存じますが、ご自愛の上、ますますご活躍ください。
★★新しい環境での生活が、実りあるものになりますことを、心よりお祈り申し上げます。

Memo

手紙の敬語②
自分側の呼び方

	手紙での謙譲表現
父親	父、亡父（すでに他界している場合）
母親	母、亡母（すでに他界している場合）
息子	息子、長（次）男（の＊＊）
娘	娘、長（次）女（の＊＊）

※愚息、豚児（主として息子の謙譲表現）は、おわび状など特別な場合を除いては使いません。

清明《せいめい》

4月5日ごろ（〜19日ごろ）

すべての生物が、清らかな明るさに満ちる時期という意味。花々が咲き乱れ、若葉も成長する、春爛漫の好季節です。

七十二候

初候	次候	末候
玄鳥至（つばめ　きたる） 春から秋を日本で過ごす、夏鳥のつばめが南から飛来するころ。本格的な農耕期の始まりとなる。	**鴻雁北**（こうがん　かえる） つばめと入れかわりのように、冬鳥のがんが北へ去っていくころ。仲間どうしで連れ立って飛ぶがんの姿は趣深く、古くから多くの芸術作品のモチーフになっている。	**虹始見**（にじ　はじめて　あらわる） 春の雷はやみ、雨上がりの空には虹が見られるようになるころ。

歳時記キーワード

花祭り（灌仏会《かんぶつえ》）……4月8日。釈迦の誕生を祝う仏教行事。花御堂《はなみどう》という堂に安置された誕生仏の像に甘茶をかけて祝う。

十三《じゅうさん》参り……4月13日。数え13歳の男女の成長の節目を祝う行事で、主に西日本で行われる。知恵の菩薩とされる「虚空蔵菩薩《こくうぞうぼさつ》」を祀る寺へもうでることから「知恵参り」とも呼ばれている。

イースター（復活祭）……キリストが死後3日目によみがえったとされる記念日。生命の象徴「イースターエッグ」を飾るのがならわし。「春分の日のあとの最初の満月後の日曜日」とされているため、日付は年により異なる。

書き出しの文例（時候のあいさつ）

【漢語調のあいさつ】（「候」は「みぎり」でもOK）

◆陽春の候　◆春暖の候　◆麗春の候

◆仲春の候　◆春爛漫の候　◆春風駘蕩《しゅんぷうたいとう》の候

【話し言葉調のあいさつ】

★新一年生のかわいらしい姿に、つい足を止めて見入ってしまいました。

★うららかな春の日和がつづいております。

★お花見にはもういらっしゃいましたか。

★希望にあふれる輝かしい春をお迎えのことと存じます。

★早足に葉桜の季節となりました。

★★花の宴たけなわの春となり、おすこやかにお過ごしのこととお喜び申し上げます。

★★桜花爛漫《おうからんまん》の好季節を迎え、ますますご清祥のこととお喜び申し上げます。

結びの文例

★うららかな春風とともにまずは＊＊まで。

★新年度に入り、なにかとお忙しい毎日と存じますが、どうぞくれぐれもご自愛くださいませ。

★★春光満ち渡る好季節、皆さまのご多幸をお祈り申し上げます。

★★新しい生活が順風満帆なものになりますことを、心よりお祈り申し上げます。

> **Memo**
>
> 桜をあらわす風情のある表現①
>
> **朝桜**……朝露を帯びて咲く美しい桜。
>
> **桜雲**……満開の桜が雲のように見えるさま。
>
> **花霞**……遠くの桜が淡いかすみのように見える。
>
> **花明かり**……満開の桜があたりの闇をほのかに明るくする様子。

穀《こく》雨《う》

4月20日ごろ
（～5月5日ごろ）

「穀物に実りをもたらす雨」の意味。大地に春の雨がもたらした養分が満ち、穀物の種をまくのに適した時期となります。

七十二候

初候	次候	末候
葭始生（あし　はじめて　しょうず） 水辺に、葭（すだれや和紙、楽器などの材料になる芦で葦、蘆とも書く）が芽吹くころ。芦が「悪（あ）し」に通じることから、「ヨシ」と言いかえることもある。	**霜止出苗**（しもやみて　なえいずる） 夜間もあたたかくなり、遅霜と呼ばれる春の霜もおりなくなって、稲の苗などの農作物が育ち始めるころ。	**牡丹華**（ぼたん　はなさく） 春たけなわを象徴する、牡丹の花が咲くころ。

歳時記キーワード

弘前さくら祭り……4月下旬～5月上旬に、青森県弘前市で開催。日本最古のそめいよしのなど約2600本の桜が弘前城を彩る。

八十八夜……立春から88日目（5月2日ごろ）。八十八を組み合わせると「米」の字になるため、農家では特にこの日を大事にする。また、八十八夜につみとられた茶葉は特に味がよく、末広がりの「八」が重なる縁起物として重宝される。

博多どんたく……5月3～4日に開催。800年の伝統を誇る「博多松囃子」を母体とする。どんたくはオランダ語の「ゾンターク（休日）」が語源とされる。

書き出しの文例（時候のあいさつ）

【漢語調のあいさつ】（「候」は「みぎり」でもOK）

◆穀雨の候　◆麗春の候　◆仲春の候
◆晩春の候　◆惜春の候　◆若葉の候

【話し言葉調のあいさつ】

★うららかな春日和がつづいております。
★新緑が目にまぶしいころとなりました。
★花吹雪が風に舞うころとなりました。
★やわらかな春風が頬にあたる好季節となりました。
★たんぽぽやつつじの花がいっせいに咲き始めました。
★★新年度のあわただしさも、ようやく落ち着き、ますますご清栄のこととお喜び申し上げます。
★★ゴールデンウイークも間近となり、お忙しい毎日をお過ごしのことと存じます。

結びの文例

★咲き誇る花々のように、いっそうのご活躍を！
★連休中にお時間があるようでしたら、ぜひこちらへもお出かけくださいませ。
★★新しいお仕事が、実りあるものになりますことをお祈りいたしております。
★★さわやかな季節を迎え、公私ともにますますご活躍なさいますことをお祈り申し上げます。

Memo

桜をあらわす
風情のある表現②

こぼれ桜……満開の状態からこぼれ落ちるように散る姿。「散る」より印象がよい。
花筏《はないかだ》……散った花びらが川面を埋め、いかだのようにゆったりと流れていく様子。
桜若葉……桜が散ったあとに出る若葉。

季節の花カレンダー

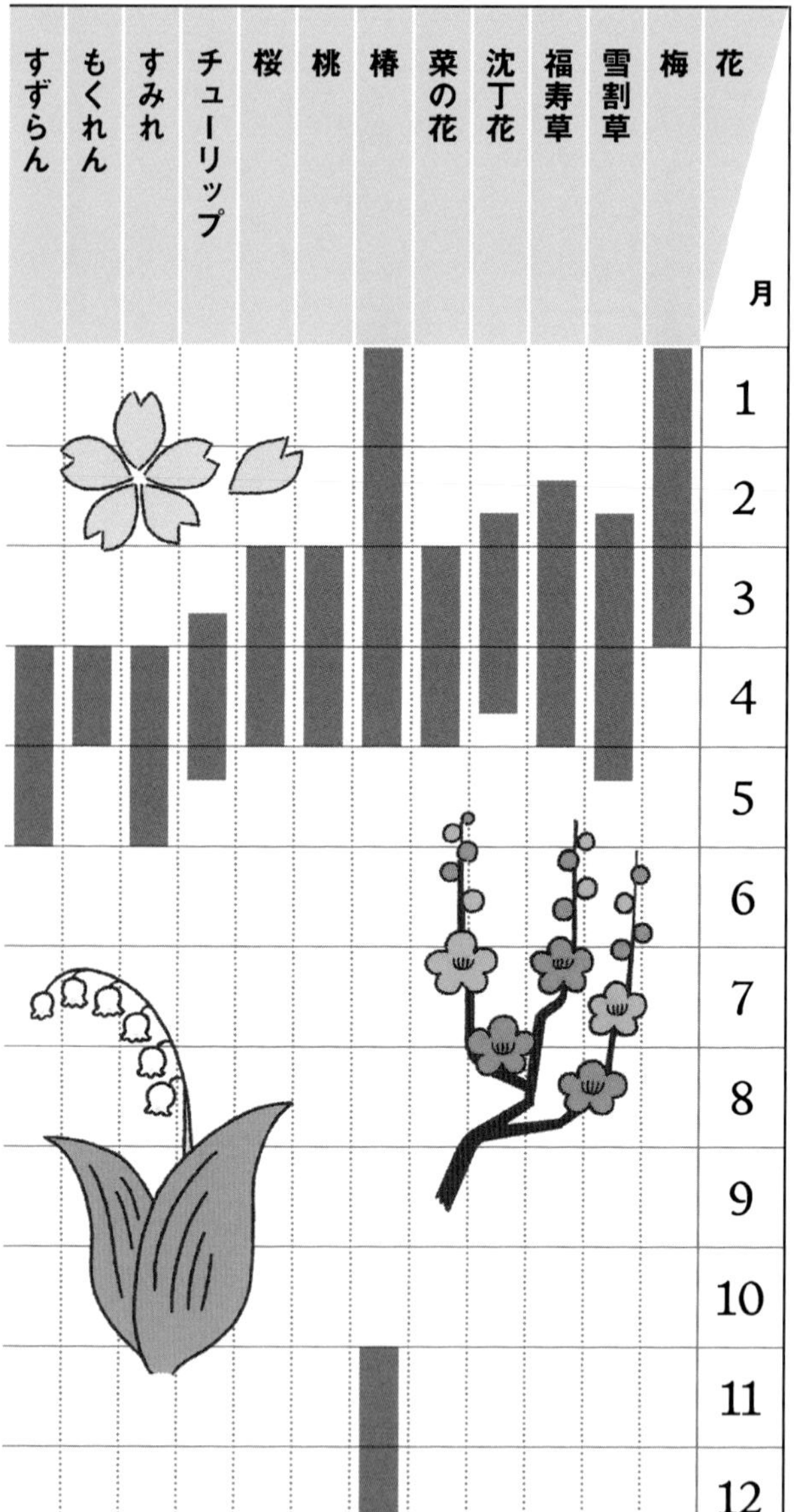

開花時期を示す帯は目安です。地域によって時期には差があります。

つつじ
水芭蕉
牡丹
あやめ
しゃくやく
バラ
あじさい
ききょう
コスモス
ひまわり
あさがお
シクラメン
きんもくせい
りんどう
さざんか
菊
ポインセチア
1
2
3
4
5
6
7
8
9
10
11
12

夏に書く手紙のポイント

Point 1 花と緑があふれる初夏の季節感を生かして

咲き誇る草花、目にも鮮やかな新緑と、一年の中で、時候のあいさつの題材が最も豊富な時期です。こどもの日につきもののしょうぶ、「いずれあやめかかきつばた」と、優劣をつけがたいほど美しいもののたとえにされる2つの花、桜と入れかわりのように咲き乱れるつつじなど、華やかな花がたくさん見ごろを迎えます。

「昨晩はしょうぶ湯を楽しみました」「庭のつつじが真っ赤な花を咲かせています」など、実際の暮らしぶりを書くと、親しみのこもった文面になります。

Point 2 うっとうしい梅雨の時期もなるべく前向きに

梅雨入りの時期は、地域によって異なります。「入梅の候」など、梅雨を題材にした時候のあいさつを用いるのは、相手の地域が梅雨入り後にするのが基本です。

長雨がつづくのは、気分のよいものではありません。ただ、以下のように梅雨を不快なものとする表現で手紙を書き出すと、手紙全体が暗い印象になってしまいます。

×入梅間近で不安定な空もようがつづいています。

×ぐずついた天気ばかりで気持ちもめいります。

×うっとうしい梅雨の季節となりました。

時候のあいさつで梅雨にふれるのであれば、

○雨上がりの空に、きれいな虹が広がっています。

○山々の緑も、雨を受けて色濃くなりました。

○庭のあじさいが、雨の中で輝いています。

など、雨がもたらす美しい情景を題材にするよう、心がけましょう。

Point 3 「暑中」の正しい意味を知る

暑中見舞いを送る「暑中」とは、二十四節気の小暑《しょうしょ》（62ページ）と大暑《たいしょ》（64ページ）の期間をさします。

つまり、暑中見舞いを出すのは、7月7日から8月7日ごろまでの「期間限定」が基本。期間前は、どんなに猛暑でも「暑中お見舞い（お伺い）申し上げます」というフレーズは使えません。

日本郵便（郵便局）から、夏のくじつき郵便はがきとして発売される「かもめ～る」は、毎年6月から発売されます。暑中見舞いに用いる際には、投函時期に注意しましょう。

なお、8月8日ごろの立秋後は、暦の上では秋なのに暑さが残ることから「残暑」という表現を使います。

立《りっ》夏《か》

5月6日ごろ（〜20日ごろ）

春分《しゅんぶん》と夏至《げし》の中間にあたる「夏のはじめ」。立秋（8月8日ごろ）の前日までが、暦の上での夏となります。

七十二候

初候	次候	末候
鼃始鳴（かわず　はじめてなく）	**蚯蚓出**（みみず　いずる）	**竹笋生**（たけのこ　しょうず）
冬眠から覚めたカエルが、活発に動き出し、鳴き始めるころ。	農業の益虫とされるみみずは冬の間は土中で眠っているが、温度が上がって地中からはい出してくるころ。	それまでは枯葉で覆われていた竹林に、たけのこが生え始めるころ。暦の上での夏を迎え、初候〜末候のどれもが、動植物が活発に動き出す様子をあらわしている。

歳時記キーワード

端午《たんご》の節句（こどもの日）……5月5日。3月3日の桃の節句に対する男の子の節句。現在は男女児を問わず、子どものすこやかな成長を願う日。

母の日……5月第2日曜。母親に感謝をささげる日で、世界的にこの時期に設定されている。

長良川鵜《う》飼い開き……5月11日。長良川(岐阜県)は、鵜匠が鵜を操って魚をとらえる古典漁法・鵜飼いで有名。10月中旬まで漁が行われる。

浅草三社《さんじゃ》祭……5月第3金曜〜日曜開催。江戸三大祭りのひとつで、華やかな神輿《みこし》は重量1トン超。

葵祭……5月15日。京都御所から、平安絵巻さながらの優雅な行列が都大路をねり歩く。

書き出しの文例（時候のあいさつ）

【漢語調のあいさつ】（「候」は「みぎり」でもOK）

◆立夏の候　◆薫風の候　◆新緑の候
◆若葉の候　◆青葉の候　◆緑風の候

【話し言葉調のあいさつ】

★八十八夜を過ぎ、初夏の訪れを感じるころとなりました。
★風薫る五月、さわやかな初夏の空が広がっています。
★青葉繁れる好季節を迎えました。
★木々の若葉が目にまぶしいこのごろですが、お変わりなくお過ごしでしょうか。
★★街路樹の緑が鮮やかに色を増すころとなりました。
★★すがすがしい五月晴れのつづくこのごろですが、ご清祥にお過ごしのことと存じます。

結びの文例

★さわやかな薫風とともに、まずは＊＊まで。
★過ごしやすい季節とはいえ、どうぞご自愛くださいませ。
★初夏の風が心地よいころとなりましたので、ぜひこちらへもお出かけくださいませ。
★★若々しい青葉が生い茂るこのごろ、皆さまのさらなるご発展を心よりお祈り申し上げます。

Memo

初夏らしい俳句
目には青葉　山ほととぎす　初鰹

江戸時代中期の俳人・山口素堂の句。あざやかな青葉、清らかに鳴くほととぎす、そして、旬を迎える鰹《かつお》。この句が有名になったことから、江戸っ子の間では、初夏に出回る初鰹を食べるのが粋とされるようになりました。

小《しょう》満《まん》

5月21日ごろ（〜6月5日ごろ）

動植物がしだいに成長し、一定のところまで満ちる時期という意味。このころには、麦の穂がたわわに実ります。

七十二候

初候	次候	末候
蚕起食桑（かいこ　おきて　くわをはむ） 繭から絹糸がとれる蚕（カイコガの幼虫）が孵化して動き出し、桑の実を食べるころ。	**紅花栄**（べにばな　さかう） 染料や油の原料となる紅花が盛んに咲くころ。紅花には末摘花の別名があり、古くから染料として利用されていた。万葉集や源氏物語にもその名が登場する。	**麦秋至**（むぎのとき　いたる） 麦が実り、成熟期を迎えるころ。「秋」は、季節の秋ではなく、穀物の収穫時期という意味で使われている。

歳時記キーワード

衣がえ……6月1日。制服などを夏服に切りかえる日。ただし、夏の間軽装にして冷房を節約する「クールビズ」は、これより早く5月1日から実施するのが通例になっている。

貴船祭……6月1日に行われる貴船神社（京都府）の例祭。神社のご神体をみこしに乗せ、船で港を渡って豊漁と無病息災を祈願して巡行する。

あじさいまつり……あじさいの名所とされる全国各地の公園や寺社仏閣などで、主に6月に開催される。鉢花販売や各種イベントのほか、ふだんは観覧することのできない貴重な文化財などが特別公開されることもある。

書き出しの文例（時候のあいさつ）

【漢語調のあいさつ】（「候」は「みぎり」でもＯＫ）

◆軽暑の候　◆薄暑の候　◆藤花の候
◆万緑の候　◆初夏の候　◆入梅の候

【話し言葉調のあいさつ】

★青葉がまばゆく輝く季節となりました。
★早苗田を渡る風が心地よく感じられるころとなりました（早苗田＝田植えが終わったばかりの田んぼ）。
★日中は少し汗ばむほどの陽気となりました。
★衣がえの時期となり、白い夏服の高校生の姿が行きかうようになりました。
★★澄み渡る青葉空に初夏のすがすがしさを感じるころとなりました。
★★山の緑も色濃くなってまいりましたが、皆さまにはご清祥にお過ごしのことと存じます。

結びの文例

★梅雨入りも間近とのこと、ご自愛くださいませ。
★これから暑さに向かいます折から、お体をたいせつになさってくださいませ。
★梅雨の前のさわやかな気候を、存分に楽しみたいものですね。
★★おすこやかに夏をお迎えになりますことを、心よりお祈り申し上げます。

Memo

初夏の「麦秋の候」は誤解を招く恐れがある

七十二候・末候の説明にあるように、麦秋とは初夏のことです。しかし、「秋」の文字が含まれることから「秋に使う時候のあいさつを、まちがって書いたのでは？」と思われる危険もあるため、使わないほうが無難です。

芒《ぼう》種《しゅ》

6月6日ごろ（〜21日ごろ）

「芒《のぎ》」とはイネ科の植物の先端のとげのようなもの。米、麦、粟、ひえなど芒のある穀物の種まきをする時節という意味です。

七十二候

初候	次候	末候
蟷螂生（かまきり　しょうず） 前年の秋に産みつけられたかまきりの卵が孵化するころ。	**腐草為蛍**（くされたる　くさ　ほたるとなる） 直接的な意味は「腐った草がほたるに化身する」。昔は、草が蒸されてほたるが生まれると信じられていた。湿度で腐りかけた草の下で、ほたるが光り始める時期をさす。	**梅子黄**（うめのみ　きばむ） 梅雨の到来と前後して、梅の実が黄色く色づいてくるころ。

歳時記キーワード

しょうぶまつり……花の盛りを迎え、各地で開かれる。水元公園、堀切菖蒲園（東京都）では、合わせて2万株もの花が咲き誇る。

入梅……梅雨入りのことで、暦の上では、立春から数えて127日目（6月11日ごろ）。梅雨とは、そもそもは「梅の熟するころに降る長雨」が由来。

時の記念日……6月10日。そもそもは7世紀、天智天皇が水時計を建造し、太鼓や鐘を打って時間を知らせる「時の奏」を行ったのが、現在の6月10日にあたるという故事が由来となっている。

父の日……6月第3日曜。20世紀の初め、母の日が年々盛んになるのを受けて生まれた記念日。

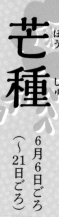

書き出しの文例（時候のあいさつ）

【漢語調のあいさつ】（「候」は「みぎり」でもＯＫ）

◆入梅の候　◆短夜の候　◆梅雨晴れの候

◆初夏の候　◆深緑の候　◆薄暑の候

【話し言葉調のあいさつ】

★お庭を美しく丹精していらっしゃる＊＊様には、お忙しい季節をお迎えのことと存じます。

★梅雨入りも間近となりましたね。

★早いもので、今年も折り返し地点がすぐそこまで迫っております。

★あゆ釣りのニュースを見て、＊＊様に思いをはせました。今年の釣果はいかがでしょうか。

★雨上がりの空、ビル街にかかる大きな虹にしばし見とれておりました。

★★雨にぬれるあじさいが、ひときわ鮮やかに映るこのごろ、ご健勝にお過ごしのことと存じます。

結びの文例

★さわやかな夏空を心待ちに、まずは＊＊まで。

★梅雨明けもまもなくとのこと、すてきな夏をお迎えくださいますように。

★あなたの大好きな夏の到来ももうすぐ、どうぞお元気でお過ごしくださいませ。

★★向暑の折でございますので、いっそうのご自愛をお祈り申し上げます。

Memo

梅雨をあらわす風情のある表現

青時雨……時雨《しぐれ》は晩秋から初冬に降ったりやんだりする雨のこと。青葉の木立から落ちる水滴を時雨に見立てて、初夏の雨をあらわす。

若葉雨・緑雨・青雨・翠雨《すいう》……青葉をより鮮やかにみせるという意味の、雨の美化表現。

夏《げ》至《し》

6月22日ごろ（〜7月6日ごろ）

夏至は、一年で最も昼が長く、夜が短くなる日です。正午には太陽がほぼ真上から照りつけます。

七十二候

初候	次候	末候
乃東枯（なつかれくさ　かるる）	**菖蒲華**（あやめはな　さく）	**半夏生**（はんげ　しょうず）
乃東《かこそう》（生薬に用いられる夏枯草の古名）が枯れるころ。夏枯草は別名うつぼぐさともいい、多くの草花が生い茂る夏になると枯れてしまう珍しい植物。	あやめの花が咲き誇るころ。	夏至から11日目（7月2日ごろ）。半夏（からすびしゃく）という薬草の生える時期という意味で、農作業の大事な節目である田植えを終わらせるころとされる。

歳時記キーワード

夏越《なご》しの祓《はらえ》……主に6月30日、各地の神社で行われる厄除け。「茅《ちがや》の輪くぐり」という、大きな輪を三度くぐる神事を行う。

山開き・海開き・川開き……神霊が宿るとされた山に、夏の一定期間だけ登山が許される「山開き」にならい、海や川でも行われるように。各地で、登山や海水浴、川遊びの安全祈願を行う。

博多祇園山笠……7月1〜15日博多近辺（福岡県）で開催。豪華絢爛な飾り山が公開され、15日早朝の「追い山」でクライマックスを迎える。

祇園祭……7月の1カ月間開かれる八坂神社（京都府）の祭礼で、日本三大祭りのひとつ。

書き出しの文例（時候のあいさつ）

【漢語調のあいさつ】（「候」は「みぎり」でもＯＫ）

◆夏至の候　◆向暑の候　◆盛夏の候

◆仲夏の候　◆早星の候　◆小暑の候

【話し言葉調のあいさつ】

★田んぼに若苗がそろう季節となりました。

★吹く風も、日ごとに夏めいてまいりました。

★海や山が恋しいころとなりましたが、お元気でお過ごしのことと存じます。

★清流に若あゆが躍る季節となりました。

★★梅雨明けの暑さひとしおに感じられる毎日ですが、お変わりなくお過ごしのことと存じます。

★★例年になく早く夏が訪れた昨今ですが、皆さまにはご健勝のこととお喜び申し上げます。

★★色とりどりの七夕飾りに、夏の訪れを感じるころとなりました。

結びの文例

★夏かぜなどお召しになりませぬように。

★ご家族そろっての夏休みの帰省を、楽しみにしております。

★暑い毎日がつづきますが、皆さま体調にはくれぐれもお気をつけください。

★★本格的な夏の到来ももうすぐです。ご家族様のご健勝を心よりお祈り申し上げます。

Memo

「差出人の姓＋拝（佐藤　拝など）」は親しい間柄への手紙だけに

「拝」は、相手への敬意をあらわす語です。しかし、差出人名は、本来、姓名を書くもの。姓のみを記すのは略式なので、「姓＋拝」は、親しい相手へ敬意を示したいときに。目上の方へはきちんと姓名を記すのが無難です。

小暑《しょうしょ》

7月7日ごろ（～22日ごろ）

梅雨は明けて、次の節気「大暑」までの暑気の入り口になります。小暑と大暑の期間が、暑中見舞いを送る時期です。

七十二候

初候	次候	末候
温風至（あつかぜ　いたる） 熱気を帯びた南風が吹き始め、夏の到来を実感するころ。	**蓮始開**（はす　はじめて　ひらく） 沼に生息するはすの花が咲き始めるころ。はすは、泥水を吸いながらも美しい花を咲かせることから、極楽浄土に咲くとされる。	**鷹乃学習**（たか　すなわち　わざをならう） たかが成長し、飛び方や獲物のとり方を学ぶころ。縁起のよい初夢を「一富士二たか三なすび」というが、たかは高く飛び上がることから、運気上昇を意味している。

歳時記キーワード

七夕……「織姫星」と「彦星」が一年に一度だけ出会う日とされる。願い事を書いた短冊を笹竹《ささたけ》に飾るのが習慣。

ほおずき市……江戸時代、ほおずきの実を水でまる飲みすると薬効があると評判になり、神社に市が立つようになったのが始まりとされる。浅草寺（東京都）では7月9～10日に開催される。

土用……本来は立春・立夏・立秋・立冬それぞれの前18日間を意味したが、現在は夏（立秋の前の）土用だけをさす。土用期間内の丑の日にうなぎを食べると夏負けしないという伝承は、現代にも伝わっている。土用の入りは7月20日ごろ。

書き出しの文例（時候のあいさつ）

【漢語調のあいさつ】（「候」は「みぎり」でもＯＫ）

◆小暑の候　◆梅雨明けの候　◆盛夏の候
◆仲夏の候　◆猛暑の候　◆星祭の候

【話し言葉調のあいさつ】

★せみしぐれに、夏の訪れを実感するこのごろですが、お元気でお過ごしのことと存じます。

★日の暮れかかるころには、夕顔が可憐な白い花を咲かせる季節となりました。

★昨日は近くの朝顔市に出かけ、一鉢求めてまいりました。

★暑さ本番を迎えましたが、皆さまにはご健勝のことと存じます。

★★土用の入りとなり、日ごとに暑さが増してまいりましたが、ご家族の皆さまにはご清祥にお過ごしのこととお喜び申し上げます。

結びの文例

★いよいよ暑さも本番を迎えますので、お体をおいといくださいますように。

★暑さ厳しき折ですが、どうぞご自愛ください。

★夏かぜなどひきませんように、お体には十分にお気をつけくださいませ。

★★本格的な夏を迎え、皆さまのいっそうのご健勝とご発展をお祈り申し上げます。

Memo

お中元の由来と贈る時期

古代中国では旧暦7月15日の中元に神を祀っていました。それが日本に伝わり、仏教の盂《う》蘭《ら》盆《ぼん》会《え》と結びついて、祖先の霊に贈り物を供えたのが始まり。そのため、7月（月遅れなら8月）15日までに贈るのがしきたりです。

大《たい》暑《しょ》

7月23日ごろ
（〜8月7日ごろ）

名前のとおり、大いに暑い時期。夏本番の中、海山、花火、風鈴、浴衣など、涼を感じる瞬間がうれしいものです。

七十二候

初候	次候	末候
桐始結花（きり　はじめて　はなをむすぶ） 桐の花が実を結ぶころ。桐は、鳳凰が止まる木といわれて神聖視されており、家紋や紋章の意匠に多くとり入れられてきた。	**土潤溽暑**（つちうるおうて　むしあつし） 土が熱気を発して、蒸し暑いころ。密度が異なる熱気がまじり合って起こるかげろうも見られる。	**大雨時行**（たいう　ときどきふる） 夏も終わりに近づき、時として大雨が降るころ。昨今では「ゲリラ豪雨」などの表現も用いられるようになった。

歳時記キーワード

花火大会……全国各地で開催されるが、日本最古は隅田川花火大会（東京都）。八代将軍徳川吉宗が打ち上げた「両国川開きの花火」を起源とする。

青森ねぶた祭……8月2〜7日。巨大な人形灯籠が「ラッセラー」のかけ声とともに引き回される。

秋田竿灯まつり……8月3〜6日。米俵形のちょうちんを竿につるし、稲穂に見立てて竿を操る。

山形花笠まつり……8月5〜7日。紅花をあしらった花笠を手に「花笠音頭」を舞う。

仙台七夕まつり……8月6〜8日。仙台（宮城県）など月遅れで行う地域も多い。伊達政宗の時代からつづく伝統があり「たなばたさん」と呼ばれる。

書き出しの文例（時候のあいさつ）

【漢語調のあいさつ】（「候」は「みぎり」でもOK）
◆大暑の候　◆炎暑の候　◆猛暑の候
◆甚暑の候　◆晩夏の候　◆暮夏の候

【話し言葉調のあいさつ】
★炎天下、ひまわりの花が元気よく咲き競っています。
★盛夏の空に入道雲がわき立っております。
★夏休みに入り、子どもたちの遊び声が響くころとなりました。
★夕立のあとに吹く涼風が、ほおに心地よく感じられます。
★八月に入り、日ざしがひときわ強く照りつけるようになってまいりました。
★★例年になく過ごしやすい夏となり、皆さまご清祥にてお過ごしのこととお喜び申し上げます。

結びの文例

★お互いに、暑さに負けず夏を乗り切りましょう。
★御地はまだ猛暑のさなかと存じます。どうぞお体をおいといくださいませ。
★近いうちに、ビアガーデンにごいっしょしたいですね。またご連絡いたします。
★★熱帯夜がつづく毎日ですが、くれぐれもご自愛くださいませ。

Memo

「暑さにうんざり」の表現は使わないほうがよい

たとえ事実でも、次のような表現は相手によい印象を与えません。
×酷暑　×うだるような暑さ　×げんなりする暑さ　×むせかえるような暑さ　×焼けつく　×じっとりと汗ばむ　×寝苦しい

季節の旬食材カレンダー

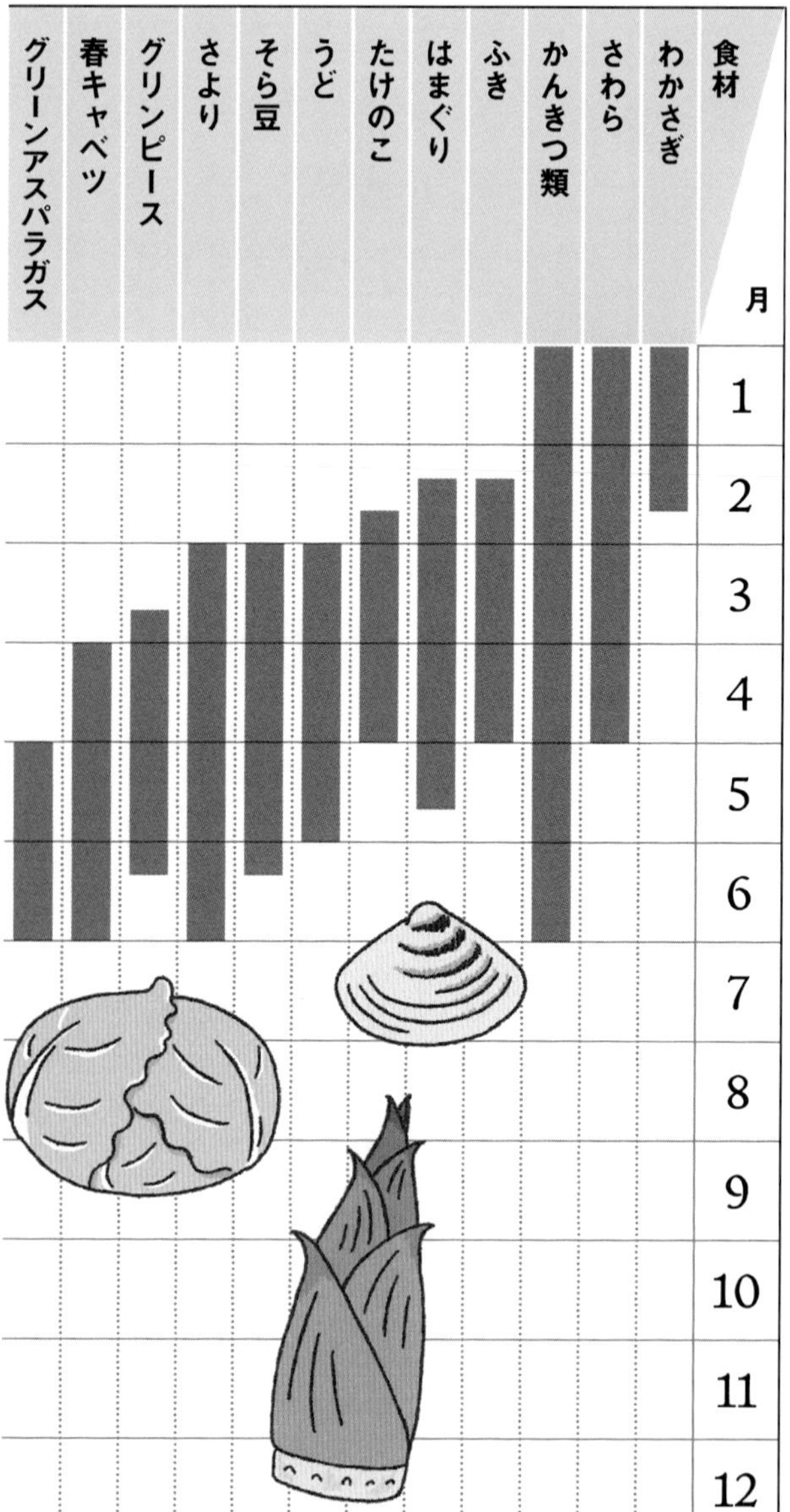

あくまで目安であり、地域によって異なります。また、ハウス栽培や養殖によって通年販売されることの多い食材は省いています。

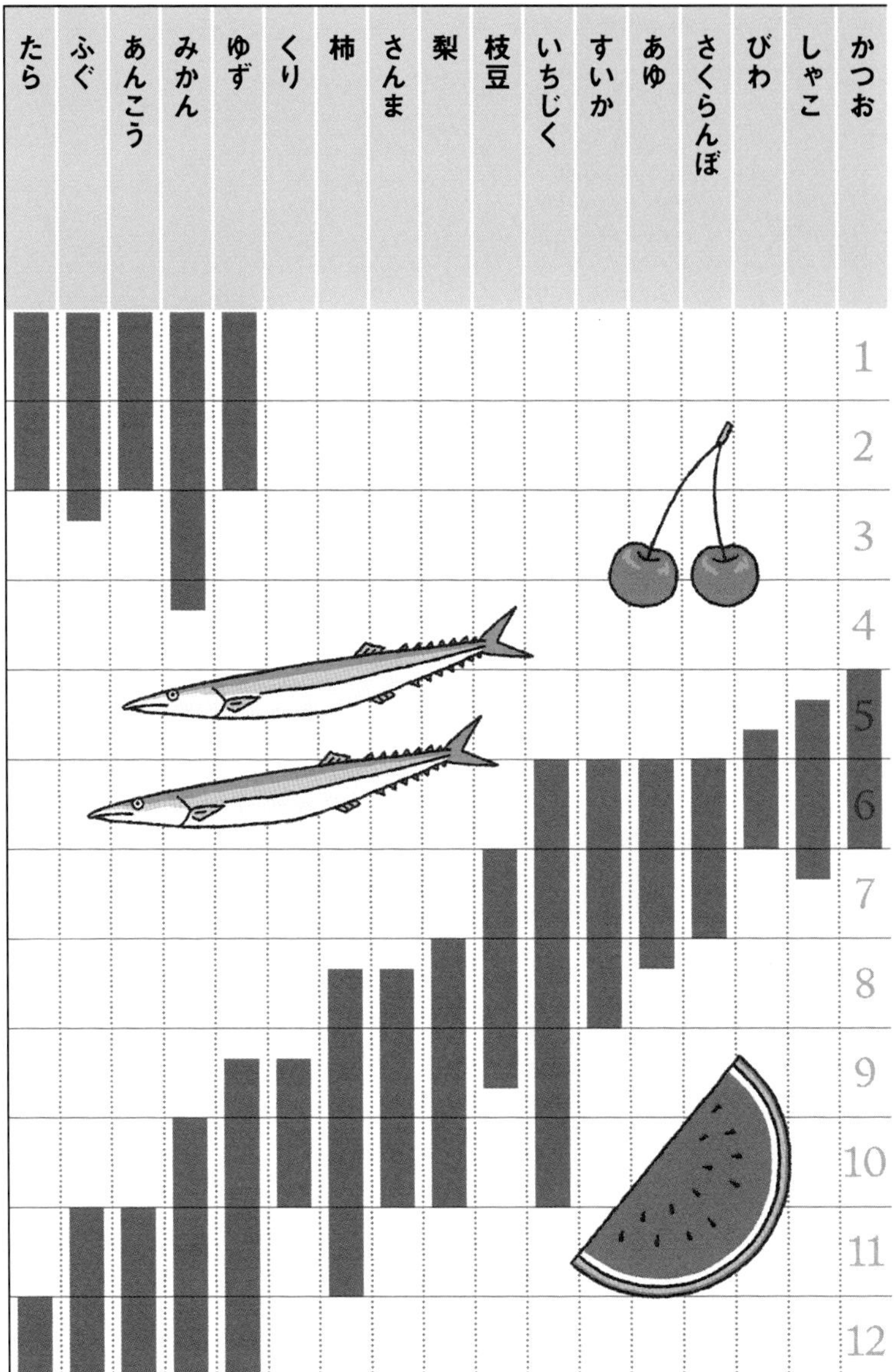
かつお
しゃこ
びわ
さくらんぼ
あゆ
すいか
いちじく
枝豆
梨
さんま
柿
くり
ゆず
みかん
あんこう
ふぐ
たら
1
2
3
4
5
6
7
8
9
10
11
12

秋に書く手紙のポイント

Point 1 「残暑見舞い」は8月末まで 9月からは秋の表現で

地域によっては、9月に入っても厳しい暑さがつづきます。しかし、残暑は「暦の上では秋だが、暑さが残っている」という意味です。

暦の上の秋、つまり立秋（8月8日ごろ）からしばらくの間は「残暑」という表現が適していますが、9月に入ったら「新涼の候」「爽秋のころ」「秋の兆しを感じるころになりました」など、「涼」「爽」「秋」などの文字を使い、秋を意識したあいさつに「衣がえ」しましょう。

なお、二十四節気で9月7日ごろからの半月をさす「白露」は、秋の気配が濃くなって草木におりた露が白く見えるという意味です。しかし、日本の多くの地域では、まだ「秋が深い」という時期ではないため、「白露の候」というあいさつは避けるのが無難です。

Point 2 「実りの秋」などの常套句をじょうずに利用して

農作物の収穫期で、気候もよいことから「＊＊の秋」という決まり文句がたくさんあります。「＊＊の秋となりましたが、ご清祥にお過ごしのことと存じます」などとすれば、おさまりのよい時候のあいさつを簡単に作ることができます。

● **実りの秋**……穀物や果物が実り、収穫期になる。

●**食欲の秋・味覚の秋**……旬の食材が多く、食欲がそそられる（おいしいものが豊富にある）。
●**芸術の秋**……展覧会などが多く催されることから、芸術を楽しむのに適している。
●**スポーツの秋**……暑すぎず寒すぎず、スポーツをするのに適している。１９６４年10月10日に開催された東京オリンピック以降、この日（２０００年からは10月第2月曜）が体育の日として祝日に制定された。２０２０年からは「スポーツの日」に名称変更されている。
●**行楽の秋**……秋は過ごしやすく、野山に出かけて楽しむのに適している。
●**読書の秋**……古代中国の詩の一節「灯火親しむべき候（夜に明かりをともして読書するのに最適だ）」から広まったとする説が有力。
●**天高く馬肥ゆる秋**……秋空が高く澄み渡り、馬たちの食欲が増進して肥え、たくましく育つ。

Point 3
紅葉の時期は地域によって大きく異なることに注意して

紅葉は、日本の秋を彩る代表的な風景です。漢語調の時候のあいさつでも、錦のように美しい紅葉が見られるという意味で「錦秋の候」「錦繍の候」など、風情のある表現があります。

しかし、日本は南北に長いため、紅葉が見ごろを迎える時期は、地域によってかなり違います。北海道や山岳部では10月上旬〜中旬ごろ最盛期を迎え、その後は雪景色となってしまいます。一方、紅葉の名所として知られる京都・嵐山などあたたかい地域では、12月上旬まで紅葉狩りが楽しめます。

紅葉に関する語を時候のあいさつに使う場合は、相手の住んでいるところの状況に合わせて表現を選びましょう。

立《りっ》秋《しゅう》

8月8日ごろ（〜23日ごろ）

「秋立つ」時節。「残暑見舞い」は、暦の上では秋なのに厳しい暑さが残ることから、相手を思いやる手紙です。

七十二候

初候	次候	末候
涼風至（すずかぜ　いたる） まだ暑い季節ではあるが、涼しい風が吹き始め、秋の気配を感じるころ。	**寒蝉鳴**（ひぐらし　なく） 夏の終わりを告げるひぐらしが鳴き始めるころ。夕方の日暮れどきに鳴くことが多いことからひぐらしの名がついた。「カナカナ」という鳴き声から、カナカナぜみとも呼ばれる。	**蒙霧升降**（ふかき　きり　まとう） 朝夕は冷気がまじり、空気中の水蒸気が凝結して、濃い霧が立ち込めるころ。

歳時記キーワード

終戦記念日……8月15日。一般には、この日を第二次世界大戦終結の日としている。

お盆……先祖の霊が帰ってくるとされ、その霊を供養する仏教行事。8月13日が霊を迎える盆の入り、16日が霊を送り出す盆の明け。宗派によっては盆棚に供物を供えるなどのならわしがある。

盆踊り……お盆に先祖の霊を迎えて慰めるための踊り。各地で開催されるが、国内最大規模で行われるのが阿波おどり（徳島県）。

京都五山送り火……8月16日に行われる伝統行事。5つの山で送り火がたかれるが、有名なのが東山如意ヶ嶽の「大文字」焼き。

書き出しの文例（時候のあいさつ）

【漢語調のあいさつ】（「候」は「みぎり」でもＯＫ）
◆残暑の候　◆残夏の候　◆秋暑の候
◆残炎の候　◆納涼の候　◆早涼の候

【話し言葉調のあいさつ】
★残暑お見舞い申し上げます。
★暦の上では立秋を迎えましたが、まだまだ暑い日がつづいております。
★立秋を過ぎ、心なしか暑さもやわらいできたように感じられます。
★お子様がたも帰省され、にぎやかな夏をお過ごしのことと存じます。
★★残暑お伺い申し上げます。（目上の方へは「お見舞い」ではなく「お伺い」に↓39ページ）
★★残暑厳しき折ではございますが、皆さまにはご清栄にお過ごしのこととお喜び申し上げます。

結びの文例

★新涼を心待ちに、まずは＊＊まで。
★夏のお疲れが出やすい時期でございますので、お体をおいといくださいませ。
★夏休みも残り少なくなりましたが、ご家族で存分にお楽しみください。
★厳しい残暑がつづきます折から、皆さまのご息災を心よりお祈り申し上げます。

Memo

手紙の敬語③
相手の名前のあとにつける敬称

次のケース以外は「様」を用います。
先生……教師、医師、弁護士など「先生」と呼ぶ相手には、手紙の敬称も「先生」に。
殿……職場で「殿」を使うのが慣例の場合に。現在、プライベートな手紙では使わない。

処《しょ》暑《しょ》

8月24日ごろ
（〜9月6日ごろ）

暑さが峠を越えて、後退し始めるころという意味。朝夕には涼しい風が吹き、日ごとに過ごしやすくなる季節をいいます。

七十二候

初候		次候		末候	
綿柎開（わたの　はなしべ　ひらく）	綿の柎（花のがく）が開き、その中から綿毛が顔を出すころ。	**天地始粛**（てんち　はじめて　さむし）	「粛し」は弱まるという意味。天地の暑さが静まり、秋の気配を感じ始めるころ。	**禾乃登**（こくもの　すなわち　みのる）	9月に入り、稲穂などの穀物が実るころ。「秋」という漢字の「禾（のぎ）」は穂を実らせた穀物の象形で、「ノ」の部分は、実の重さで穂がしなだれている様子を示しているとされる。

歳時記キーワード

吉田の火祭り……8月26・27日。夏の富士山の山じまいの祭りとして、冨士浅間神社と諏訪神社（山梨県）両社で行われる。

二百十日……立春から数えて２１０日目（９月１日ごろ）。稲の開花期だが、台風襲来の時期でもあることから、農家では厄日として警戒される。

防災の日……９月１日。１９２３年のこの日、関東大震災が多大な被害をもたらしたこと、二百十日ごろにあたることから制定された。災害に備える気持ちを新たにする日。

おわら風の盆（富山県）……9月1〜3日。越中おわら節の洗練された踊りが繰り広げられる祭り。

書き出しの文例（時候のあいさつ）

【漢語調のあいさつ】（「候」は「みぎり」でもＯＫ）

◆秋暑の候　◆早涼の候　◆初秋の候

◆新涼の候　◆清涼の候　◆新秋の候

【話し言葉調のあいさつ】

★夏の名残りの暑さが残るころではございますが、おすこやかにお過ごしのことと存じます。

★虫の音に、秋の気配を感じるようになりました。

★鈴虫の声が聞こえるころとなりました。

★一雨ごとに秋らしくなってまいりました。

★台風一過、空は青く澄んで、心地のよい秋晴れが広がっております。

★★二百十日もおだやかに過ぎ、秋の到来を感じるころとなりました。

★★朝夕はいくぶん過ごしやすくなり、皆さまにはご清祥のこととお喜び申し上げます。

結びの文例

★八月も残りわずかとなりました。過ごしやすい秋を心待ちにして、まずは＊＊申し上げます。

★暑さも峠を越したようですが、どうぞくれぐれもご自愛くださいませ。

★季節の変わり目ですのでお気をつけください。

★★清涼の季節を迎え、ますますのご活躍をお祈り申し上げます。

Memo

手紙の敬語④
相手が複数のときの敬称

御中……「営業部御中」「＊＊係御中」など、人物ではなく、部署や組織あての場合に。

各位……「会員各位」は「皆さまへ」の意味。「各位様（殿）」と、さらに敬称を重ねるのは誤り。

白《はく》露《ろ》

9月7日ごろ（〜22日ごろ）

秋気が加わり、草木におりた露が白く輝いて見える時期になります。哀愁と趣のある、美しい節気の言葉です。

七十二候

初候	次候	末候
草露白（くさのつゆ　しろし） 朝晩と昼間の寒暖差が大きくなり、露がおりるころ。白露とは、朝日を浴びて露が白く光って見える様子のこと。	**鶺鴒鳴**（せきれい　なく） せきれいという尾の長い小鳥が鳴き始めるころ。せきれいは日本書紀にも登場し、地域によっては「神の鳥」と称されてたいせつにされている。	**玄鳥去**（つばめ　さる） 春に飛来したつばめが、子育てを終えてあたたかい南へ旅立つころ。

歳時記キーワード

重陽《ちょうよう》の節句……9月9日。桃の節句、端午の節句とともに、古代中国から伝わった五節句のひとつ。中国の陰陽思想では「9」は1けたの数の中で最高の陽数、それが2つ重なる「重陽」はたいへんおめでたい日とされた。

敬老の日……9月の第3月曜。高齢者を敬い、長寿を祝う日。

お月見・十五夜……旧暦8月15日（現在の9月中旬〜下旬）の満月を十五夜と呼び、「中秋の名月」としてめでて楽しむ。ちょうど秋の収穫期にあたるため、月見だんごや農作物を供え、さらなる豊作を願うのがならわしとなっている。

書き出しの文例（時候のあいさつ）

【漢語調のあいさつ】（「候」は「みぎり」でもＯＫ）

◆清涼の候　◆重陽の候　◆爽秋の候

◆秋色の候　◆秋晴の候　◆野分の候

【話し言葉調のあいさつ】

★秋の涼気がしだいに感じられるころとなりました。

★予報によれば、今年は見事な名月が楽しめそうとのこと、それだけで気持ちが浮き立ちます。

★豊かな実りの秋となりましたが、お元気でお過ごしのことと存じます。

★まもなく敬老の日ですが、親御様はお変わりなくお過ごしでしょうか。

★★赤とんぼが群れ飛ぶ姿に、秋の到来を感じるころとなりました。皆さまにはご清祥にお過ごしのこととお喜び申し上げます。

結びの文例

★虫の音に近づく秋を感じつつ、まずは＊＊まで。

★心地よい季節、ぜひこちらへもお越しください。

★皆さまの秋が実り多きものになりますように。

★★朝夕は、ずいぶんと涼しくなってまいりました。お体には十分にお気をつけくださいませ。

★★実りの季節を迎え、ますますのご活躍を祈念いたしまして、まずは＊＊申し上げます。

Memo

秋に美しい姿を見せる巻積雲と高積雲

巻積雲は、雲の粒が集まったように見え、うろこ雲・いわし雲・さば雲とも呼ばれます。高積雲は羊の群れを思わせ、羊雲と称されます。「＊＊雲が秋空に映えるころとなりました」などと書き出しに使いましょう。

秋《しゅう》分《ぶん》

9月23日ごろ（〜10月7日ごろ）

昼と夜の長さがほぼ同じ長さになる日。「暑さ寒さも彼岸まで」という言葉もあるように、この日を境に季節は冬に向かいます。

七十二候

初候	次候	末候
雷乃収声（かみなり　すなわち　こえをおさむ） 夏の間鳴り響いた雷の声のやむころ。雷を呼ぶ入道雲のかわりに、うろこ雲や羊雲が秋空に浮かぶようになる。	**蟄虫坏戸**（むし　かくれて　とをふさぐ） 虫たちが、戸をふさぐように身を隠し始めるころ。啓蟄の初候「蟄虫啓戸（すごもりむし　とをひらく）」と対をなす表現。	**水始涸**（みず　はじめて　かるる） 水田の水抜きする「落とし水」を行い、稲の収穫の準備に入るころ。

歳時記キーワード

秋のお彼岸……秋分の日をはさむ前後7日間。供え物の定番である「おはぎ」は、秋の七草のひとつ「萩」に由来する。

暑さ寒さも彼岸まで……厳しい残暑も秋の彼岸にはやわらいで過ごしやすくなり、冬の寒さも春の彼岸を過ぎると落ち着くという意味。

衣がえ……10月1日。6月から着用していた夏服を、冬服にかえる日。クールビズも、9月末で終了するのが一般的。

赤い羽根共同募金……10月1日開始。募金者には、赤い羽根が渡される。募金の約7割は地域の社会福祉に、残りは広域的な災害援助に使われている。

書き出しの文例（時候のあいさつ）

【漢語調のあいさつ】（「候」は「みぎり」でもＯＫ）

◆秋分の候　◆秋晴の候　◆爽秋の候

◆良夜の候　◆野分の候　◆秋冷の候

【話し言葉調のあいさつ】

★秋の気配もととのい、絶好の行楽シーズンを迎えました。お子様がたを交え、楽しい日々をお過ごしのことでしょう。

★田んぼが金色に輝くころとなりました。

★一面のコスモスが、秋の訪れを告げているようです。

★野に咲いたなでしこが、可憐な姿を風に揺らせるころとなりました。

★★稲穂がしだいにこうべをたれ、秋本番を迎えましたが、＊＊様にはご清祥にお過ごしのこととお喜び申し上げます。

結びの文例

★お互いの秋が、実りあるものになりますように。

★味覚の秋ですね。近いうちに、ランチでもごいっしょしませんか。またご連絡いたします。

★澄んだ秋空のように、すがすがしい毎日をお過ごしくださいませ。

★★御地は秋冷が加わるころと拝察いたします。どうぞくれぐれもご自愛くださいませ。

Memo

目上の方への手紙やお見舞い状には「追伸」をつけない

追伸は、手紙の主文で書き忘れたことなどを加えるためのもの。目上の方への手紙ではつけないのが礼儀です。また、お見舞い状、お悔やみ状では、追伸は「(不幸を) 伸ばす」を連想させるためＮＧです。

寒露《かんろ》

（10月8日ごろ〜22日ごろ）

朝晩の冷え込みが厳しくなり、露が冷たくなるという意味。ただし、長雨は過ぎ、秋晴れがつづく快適な時期でもあります。

七十二候

初候	次候	末候
鴻雁来（こうがん　きたる）冬鳥であるがんが、北から渡ってくるころ。日本ではシベリア方面から飛来するものが多く、ほかに白鳥、かも、鶴、つぐみなどもやってくる。	**菊花開**（きくのはな　ひらく）秋の象徴ともいえる菊の花が開くころ。	**蟋蟀在戸**（きりぎりす　とにあり）きりぎりすが戸のあたりにいて鳴くころ。ただし、昔の人はこおろぎのことをきりぎりすと呼んでいたため、ここで登場する虫はこおろぎとされている。

歳時記キーワード

十三夜……旧暦9月13日（10月中旬ごろ）の名月のことで、十五夜（74ページ参照）に対して「のちの月」と呼ばれる。

長崎くんち……10月7〜9日。旧暦9月9日（くにち→くんち）に由来し、秋の豊穣に感謝する祭り。日本三大くんちとされる博多くんち、唐津くんちも10月下旬から11月にかけて開催される。

えびす講……10月20日ほか（地域によっては月遅れまたは1月に開催）。旧暦の10月は神無月とも呼ばれ、諸国の神様は出雲に集結するとされる。各地の神社では、唯一「留守神」として居残るえびす様を祀る行事を行う。

書き出しの文例（時候のあいさつ）

【漢語調のあいさつ】（「候」は「みぎり」でもＯＫ）

◆秋晴の候　◆秋涼の候　◆秋麗の候
◆仲秋の候　◆紅葉の候　◆錦秋（錦繍）の候

【話し言葉調のあいさつ】

★気持ちのよい行楽日和がつづいておりますが、お変わりなくお過ごしでしょうか。
★澄みきった秋晴れの空に、運動会のにぎやかな歓声が響いています。
★雲一つなく晴れ上がる秋空が心地よいころとなりました。
★★涼やかな秋空が広がる季節となりましたが、皆さまにはご清栄にお過ごしのこととお喜び申し上げます。
★★いつしか秋も深まり、樹々も美しく色づき始めるころとなりました。

結びの文例

★季節の変わり目、どうぞご自愛ください。
★秋冷がしだいに加わるころとなりました。どうぞくれぐれもご自愛くださいませ。
★これから朝夕は冷えてまいりますので、お体にはどうぞお気をつけくださいませ。
★★豊穣の秋となり、ますますのご発展を心よりお祈り申し上げます。

Memo

「御机下」「御侍史」などのわきづけは一般の手紙では不要

敬称（先生・様）の左下（横書きなら右下）に書き添え、相手がおそれ多いので「御机下《おんきか》（机の下に）」「御侍史《おんじし》（おつきの人に）」という意味。ただし、現在は医師への紹介状で見かける程度となり、通常の手紙では不要です。

霜《そう》降《こう》

10月23日ごろ（〜11月6日ごろ）

冷え込みがまし、霜がおり始めます。雨や雪と同じように、霜も空から降ってくると、昔は思われていました。

七十二候

初候	次候	末候
霜始降（しも　はじめて　ふる） 秋が深まり、冷え込みも厳しくなって、この年初めての霜がおりるころ。ちなみに、霜とは、空気中の水蒸気が冷えた地面や物体の表面で結晶になったもの。	**霎時施**（こさめ　ときどき　ふる） 通り雨のような小雨がときおり降るころ。「一雨ごとに秋が深まる」とされる。	**楓蔦黄**（もみじ　つた　きばむ） もみじや蔦(つた)が色づくころ。一般に「紅葉」と呼ぶが、いちょうなど黄金色になる場合は「黄葉」と区別する。

歳時記キーワード

ハロウィン……10月31日。日本ではかぼちゃをシンボルにして、仮装などをする行事。この日を一年の終わりとしていたケルト族の言い伝えで、夜に悪霊が来るとされており、身を守るために仮面をかぶり魔よけのたき火をしたりしたのが始まり。

酉の市……11月の酉の日、開運や商売繁盛の神とされる鷲《おおとり》（大鳥）神社で行われる祭り。縁起物の熊手を売るにぎわいが晩秋の風物詩として有名。

文化の日……11月3日。元来は、明治天皇の誕生日で「天長節」「明治節」と呼ばれていた。１９４６年、日本国憲法が公布され、平和と文化を重視する憲法にちなんで「文化の日」に制定された。

書き出しの文例（時候のあいさつ）

【漢語調のあいさつ】（「候」は「みぎり」でもＯＫ）
◆寒露の候　◆菊花の候　◆紅葉の候
◆錦秋の候　◆錦繍の候　◆朝寒の候

【話し言葉調のあいさつ】
★高原では、早くも紅葉が見ごろを迎えているようです。
★美しく色づき始めた街路樹に、秋の深まりを感じるころとなりました。
★「秋の日はつるべ落とし」と申しますが、一気に日足も短くなりました。（Ｍｅｍｏ参照）
★秋の風が冷たく、身にしみるころとなってまいりました。
★★ひと雨ごとに寒さがつのり、吹く風にも秋色の濃さを感じるころとなりましたが、皆さまにはご健勝にお過ごしのこととお喜び申し上げます。

結びの文例

★朝夕はずいぶんと冷え込んでまいりました。どうぞお体にお気をつけてお過ごしください。
★日一日と秋が深まってまいります。どうぞくれぐれもご自愛くださいませ。
★向寒の折、おかぜなど召しませぬように。
★★紅葉黄葉があざやかな季節、皆さまのいよいよのご活躍を心よりお祈り申し上げます。

Memo

「秋の日はつるべ落とし」はあっという間に日が暮れることと「つるべ」は水をくむための桶で、縄などにつけて井戸におろすもの。すばやく落ちていくことから、秋の夕暮れはすぐに暗くなることをいいます。「秋の日々が過ぎるのは早い」という意味で使うのは誤りです。

冬に書く手紙のポイント

Point 1　冬をネガティブにとらえず、肯定的な表現を心がけて

冬の情景をそのまま描写すると、

△**落ち葉が散っている**
△**冷え込みが厳しい**
△**大雪に見舞われる**

など寂しくつらい印象になってしまいます。

○**落葉が黄金色のじゅうたんになっています**
○**冷気で身も引き締まる思いがいたします**
○**子どもたちが大喜びで雪だるまを作りました**

と、冬をりんとした気持ちで迎え、楽しむという表現にすると、同じ「落葉」「冷気」「大雪」でもイメージは大きく変わります。

特に雪については、次のような風情のある美しい表現がたくさんありますから、じょうずに手紙にとり入れたいものです。

■**風花（かざはな）**……晴天のとき、風に舞うようにちらつく雪。
■**雪花（ゆきはな）**……雪のひとひらを花びらに見立てた表現。
■**六花**……六角形の結晶を花にたとえた呼び方。
■**雪明かり**……白く降り積もった雪の反射で、夜でも周囲が明るく見える現象。
■**雪化粧**……野山などが（まるでお化粧をしたように）雪で美しくおおわれた情景。冬化粧とも。
■**銀世界**……雪が降って、あたり一面が白く輝いている景色。

Point 2 喪中欠礼で不幸を知ったときは慰めの手紙を出すとていねい

身内に不幸のあった年は、年賀状などの祝い事を控える旨の「喪中欠礼」のはがきを出します。相手が年賀状の準備を始める前の11月中旬から、遅くとも12月中旬までに投函しましょう。

それ以降に不幸があったときは、喪中欠礼は出さず、翌年の松の内が明けてから寒中見舞い（お伺い）として連絡します。

一方、喪中欠礼を受けとった側は、年賀状を出さないのがマナーで、基本的に返信は不要です。

ただ、近年は「家族葬」などの小規模葬儀がふえ、喪中欠礼で初めて不幸を知ることも多くなりました。親しい友人、知人に対しては、年内または翌年の松の内過ぎに、慰めの便りを出すとよいでしょう（文例は179ページ）。

Point 3 寒中見舞い（お伺い）は年賀状の返礼としても有効

寒中見舞いは、二十四節気の小寒と大寒の間に、寒さの中の相手を思いやって出す便りのことです。もともとは暑中見舞いと同じ意味を持つ季節のあいさつ状でしたが、現在は喪中欠礼や年賀状の返礼として使われるケースが多くなりました。

具体的には、次のような場合です。

❶ **年賀状を出しそびれた人への返事**
❷ **喪中欠礼をいただいた人への返事**
❸ **自分が喪中なのに年賀状が届いたときの返事**
❹ **相手が喪中と知らずに年賀状を出したおわび**

年が明けてから出す場合、元日から1月7日（15日とする地域もある）までは「松の内」（お正月の門松があるうちという意味）なので避け、松の内が明けてから投函するとよいでしょう。

立《りっ》冬《とう》

11月7日ごろ
（〜22日ごろ）

暦の上では冬の始まりです。気圧配置は冬型になり、冷たい北風「木枯らし」も吹き始めます。

七十二候

初候	次候	末候
山茶始開（つばき　はじめて　ひらく） さざんか（早春の椿ではなく、ツバキ科のさざんかのこと）の花が咲き始めるころ。	**地始凍**（ち　はじめて　こおる） 夜は冷え込み、地面が凍てつき始めるころ。地域によっては雪がちらつくこともある。	**金盞香**（きんせんか　さく） ここでのきんせんかは、別名マリーゴールドとも呼ぶ黄色やオレンジ色の花ではなく、すいせんのこと。白い花びらの中に黄色い花を咲かせることから、「黄金の杯（金盞＝きんせん）」と呼ばれていた。

歳時記キーワード

火焚祭《ひたきさい》……11月8日。稲荷神社の総本宮・伏見稲荷大社（京都府）の伝統神事。秋の収穫後、五穀豊穣をはじめ万物を育てた神恩に感謝する祭典。数十万本の火焚串をたき上げる。

七五三……11月15日（地域によっては10月15日）。男の子は3歳と5歳、女の子は3歳と7歳の年、成長を祝って寺社にもうでる。旧暦11月15日は、寄宿日（鬼が家にこもっている日）とされ、「鬼のいぬ間」におまいりするのがならわし。

ボージョレ・ヌーボー……フランスのブルゴーニュ地方ボージョレ地区で造られる赤ワインの新酒。毎年11月第3木曜に解禁となる。

書き出しの文例（時候のあいさつ）

【漢語調のあいさつ】（「候」は「みぎり」でもOK）

◆立冬の候　◆深冷の候　◆向寒の候
◆落葉の候　◆初霜の候　◆夜寒の候

【話し言葉調のあいさつ】

★木々が葉を落とし始めた庭に、さざんかが愛らしい花を咲かせております。
★立冬を過ぎ、日足も短くなってまいりました。
★日増しに寒さがつのってまいりましたが、皆さまお変わりなくお過ごしのことと存じます。
★遠くに望む山々は早くも雪化粧、季節の移り変わりは早いものですね。
★近くの神社は、七五三の晴れ着に身を包んだ家族でにぎわっております。
★冷気がいちだんと強まってまいりましたが、ご健勝にお過ごしのこととお喜び申し上げます。

結びの文例

★夜寒の折、どうぞご自愛ください。
★街はすでに冬の装いとなりました。あたたかくしてお過ごしくださいませ。
★めっきりと寒くなりましたので、おかぜなど召しませぬようお気をつけくださいませ。
★★本格的な寒さに向かいます折から、皆さまのいっそうのご自愛をお祈り申し上げます。

Memo

「消せるボールペン」をあて名書きに使わないこと

筆記用具は筆か筆ペンが正式です。ボールペンはNGとされていましたが、近年は筆跡も美しく、使ってもOKです。ただし、あて名書きや仕事上の手紙では、消失や改ざんを防ぐため、消せるタイプを用いないことです。

小《しょう》雪《せつ》

（11月22日ごろ〜12月6日ごろ）

山間部や北国には雪が降るころですが、この時期は「小春」の異称もあり、平野部ではおだやかな「小春日和」も楽しめます。

七十二候

初候	次候	末候
虹蔵不見（にじ　かくれてみえず） 昼の時間が短くなり、どんよりとした曇りがちの日が多くなって、虹が隠れて見えないころ。	**朔風払葉**（きたかぜ　このはを　はらう） 日ごとに強く吹くようになった北風（朔は北の方角のこと）が枯れ葉や落ち葉を吹き飛ばすころ。	**橘始黄**（たちばな　はじめて　きばむ） たちばなの実が成熟して、黄色みをおび始めるころ。昔の日本では、橘はかんきつ類の総称だった。

歳時記キーワード

勤労感謝の日……11月23日。もともとは「新嘗《にいなめ》祭《さい》」という宮中の行事が行われた日。その年に収穫した五穀を天地すべての神に供えた。現在は「勤労を尊び、生産を祝い、国民が互いに感謝する日」という位置づけになっている。

三の酉……11月3回目の酉の日（下旬）。11月は酉の市（80ページ参照）が開かれるが、酉の日は12日ごとにめぐってくるため、三の酉があるかどうかは、年によって違う。「三の酉がある年は、火事が多い」という俗説がある。科学的根拠はないが、空気が乾燥して火事が起きやすい時期への戒めとして伝えられている。

書き出しの文例（時候のあいさつ）

【漢語調のあいさつ】（「候」は「みぎり」でもＯＫ）

◆小雪の候　◆落葉の候　◆氷雨の候

◆初霜の候　◆寒冷の候　◆霜寒の候

【話し言葉調のあいさつ】

★小雪がちらつき、コートや手袋が手放せない季節がやってまいりました。

★落ち葉が風に舞い、冬の訪れを感じるころとなりました。

★時雨空《しぐれそら》がつづいておりますが、皆さまおすこやかにお過ごしのことと存じます。（Ｍｅｍｏ参照）

★めっきり冬めいて、こたつが恋しい季節となりました。

★今年のカレンダーも、残り１枚となりました。

★★師走に入り、ますますご多忙にご活躍のことと拝察しております。

結びの文例

★向寒の折、皆さまのご健勝をお祈りいたします。

★年末に向けて、なにかとお忙しい毎日がつづくと存じますが、どうぞお元気でご活躍ください。

★今年も残り１カ月となりました。お互いに、体に気をつけて、あとひとふんばりしましょう。

★★本格的な冬に向かいます折から、くれぐれもご自愛くださいますようにお祈り申し上げます。

Memo

晩秋から初冬にかけての「時雨」を使った表現

時雨とは、この時期に降ったりやんだりする雨のこと。時雨が降る空もようを、風雅に「時雨空」あるいは「時雨心地」と呼びます。なお、俳人の松尾芭蕉は陰暦10月12日に没したことから、命日は「時雨忌」と呼ばれています。

大《たい》雪《せつ》

12月7日ごろ（～21日ごろ）

山間部や北国は雪でおおわれ、本格的な冬の到来を迎えます。今年も残すところわずか、年越しの準備も忙しくなります。

七十二候

初候	次候	末候
閉塞成冬（そらさむく　ふゆとなる） 雲で空がふさがり、冬の天候になるころ。現在でも使われる「閉塞」という表現が、冬の息苦しさをあらわしている。	**熊蟄穴**（くま　あなにこもる） くまが、冬眠のために穴に入るころ。ほかの動物も、食糧が少なくなる季節に備えて冬眠や冬ごもりをし始める。	**鱖魚群**（さけのうお　むらがる） 川で生まれ海で育った鮭の群れが、産卵のために生まれた川へと戻り、遡上するころ。鮭は、昔から冬場の貴重な食糧だった。

歳時記キーワード

すす払い（事始め）……12月13日。正月の準備を始める日で、まず神棚などの「すす（煤＝煙に含まれて立ち上る炭素の粒）」を払う。屋内で、じか火を扱った時代には、すすがよく積もった。

羽子板市……浅草寺（東京都）で12月17～19日開催。江戸時代から行われていた年の市が、戦後、羽子板に特化して現在までつづいている。

世田谷ボロ市……12月15～16日、1月15～16日。通称ボロ市通り（東京都）で行われるのみの市。江戸時代からの伝統がある。当初は正月用品のほか、古着や古道具を持ち寄ったことから「ボロ市」と呼ばれたが、いまはいろいろな商品を扱う。

書き出しの文例（時候のあいさつ）

【漢語調のあいさつ】（「候」は「みぎり」でもＯＫ）

◆大雪の候　◆師走の候　◆歳晩の候
◆寒冷の候　◆新雪の候　◆厳寒の候

【話し言葉調のあいさつ】

★暦の上では大雪となり、寒さもいよいよこれからが本番です。
★師走とは思えないおだやかな気候がつづいております。
★街がクリスマスのイルミネーションに彩られるころとなりました。
★★年内も余白少なくなり、ご多忙な毎日をお過ごしのことと拝察しております。
★★本年も残すところわずかとなりましたが、皆さまにはおすこやかにお過ごしのこととお喜び申し上げます。

結びの文例

★寒さ厳しき折、どうぞご自愛くださいませ。
★すこやかな新年をお迎えになりますように。
★本年はたいへんお世話になりまして、ありがとうございました。来年もどうぞよろしくお願いいたします。
★★年の瀬はご繁忙のことと存じますが、お体に気をつけて、よいお年をお迎えくださいませ。

Memo

お歳暮などに送り状を同梱するときは封をしない

品物とは別に手紙を送るのが正式ですが、送り状を店に持参して品物といっしょに発送手続きをしてもよいでしょう。宅配便などに親書（書状）を入れることは郵便法で禁止されているため、無封の状態で同梱します。

冬《とう》至《じ》

12月22日ごろ
（〜1月5日ごろ）

一年で最も昼が短く、夜が長くなるのが冬至。かぼちゃや小豆を食べて、無病息災を願う慣習もあります。

七十二候

初候	次候	末候
乃東生（なつかれくさ　しょうず） 乃東《かこそう》（生薬に用いる夏枯草の古称）が芽吹くころ。夏至初候の「乃東枯（なつかれくさ　かるる）」（60ページ）と対をなす。	**麋角解**（さわしかの　つの　おつる） 鹿（麋はおおじかのこと）の角が、冬を迎えて抜け落ち、新しい角に生え変わるころ。	**雪下出麦**（ゆきわたりて　むぎのびる） 地面には雪が積もっているが、その下では、秋まきの麦が芽吹くころ。動物は冬ごもりをする時期だが、見えないところでは着々と生命が育っているという力強い表現。

歳時記キーワード

クリスマス……12月25日。日本では年末の楽しい大イベントだが、本来はイエス・キリストの降誕を祝うキリスト教の記念日。その前夜祭がイブ。

正月飾り……一年の幸福を授けてくれる年神様がおり立つのが門松、神を祭る神聖な場所をあらわすのがしめ飾り、神への供物がもち。なかでも、円形の鏡のように作ったものを鏡もちというが、鏡は魂をあらわす神器で、鏡もちを食べると新しい生命力を与えられると言い伝えられてきた。

おせち料理……神に供えたごちそうを皆でいただくとともに、年神様を迎えている間は煮炊きを慎むという意味もある。

書き出しの文例（時候のあいさつ）

【漢語調のあいさつ】（「候」は「みぎり」でもＯＫ）

年末→◆厳寒の候　◆歳末の候　◆歳晩の候

年始→◆厳冬の候　◆新春の候　◆初春の候

【話し言葉調のあいさつ】

★なにやら気ぜわしく過ごしておりますが、冬至にはゆず湯にゆっくりとつかり、リフレッシュしました。

★年越しの準備にお忙しいころですが、お元気にお過ごしのことと存じます。

★先ほどから降りつづいていた氷雨が、どうやら雪へと変わったようです。

★クリスマスツリーから門松へと、街の装いも一変し、今年もいよいよ残りわずかとなりました。

★★本年も残すところあとわずかとなりましたが、ますますご健勝のこととお喜び申し上げます。

結びの文例

★どうぞよいお年をお迎えくださいませ。

★来年がもっとすてきな一年になりますように。

★★本年は公私ともにお世話になり、まことにありがとうございました。明年もご指導のほどよろしくお願い申し上げます。

★★（年明けに）新年早々ではございますが、まずは書中にて＊＊申し上げます。

Memo

自分や相手が喪中でも お歳暮は贈ってよい

お歳暮（とお中元）は祝い事ではなく季節のあいさつなので、喪中でも行ってかまいません。ただし贈る時期は忌明け（仏教では四十九日）とし、赤白の水引のついたのし紙ではなく、無地の短冊を使うとよいでしょう。

小《しょう》寒《かん》

1月6日ごろ（〜20日ごろ）

「寒の入り」といわれる時節。次の「大寒」までが「寒中」で、相手をいたわる「寒中見舞い（お伺い）」の手紙を出します。

七十二候

初候	次候	末候
芹乃栄（せり　すなわち　さかう） 春の七草のひとつであるせりがよく生育するころ。せりは冷たい水辺で育つため、正月の雑煮や、秋田の郷土料理きりたんぽなどなべ料理や汁物の具によく用いられる。	**水泉動**（しみず　あたたかを　ふくむ） 地下で凍った泉がとけて動き始めるころ。厳しい寒さがつづくが、地中は少しずつ春に向けて動き出している。	**雉始雊**（きじ　はじめてなく） きじが、求愛のために甲高い声で鳴き始めるころ。

歳時記キーワード

七草がゆ……1月7日の朝、春の七草（せり、なずな、ごぎょう、はこべら、ほとけのざ、すずな、すずしろ）を炊き込んだおかゆを食べると、一年を健康に過ごせるとされている。

鏡開き……1月11日ほか。正月に供えていた鏡もちを下げ、木づちなどで割っておしるこなどにして食べ、一年の無病息災を祈る。「割る」では縁起が悪いため「開く」という。

どんど焼き（左義長《さぎちょう》）……1月15日ごろ。小正月（旧暦の正月）に行う火祭り。正月飾りを焼き、その火でもちなどを焼いて食べると健康な一年になるとされる。地域によって呼び方は異なる。

書き出しの文例（時候のあいさつ）

【漢語調のあいさつ】（「候」は「みぎり」でもOK）

◆新春の候　◆初春の候　◆寒冷の候
◆厳寒の候　◆厳冬の候　◆寒風の候

【話し言葉調のあいさつ】

★寒中お見舞い申し上げます。
★寒い日がつづきますが、ご家族おそろいでおすこやかな新年をお迎えのことと存じます。
★寒に入り、冷気ひとしおのころとなりました。
★松の内のにぎわいも過ぎ、街はふだんの表情をとり戻してきました。
★★寒中お伺い申し上げます。
★★輝かしい初春を迎え、皆さまにはいよいよご健勝のこととお喜び申し上げます。
★★例年にないおだやかな新年となり、皆さまにはますますご清祥のことと存じます。

結びの文例

★お互いにとって幸せな一年になりますように。
★新たな気持ちで、今年もどうぞよろしくお願いいたします。
★★ご家族の皆さまにとってご多幸な一年になりますよう、お祈りいたしております。
★★本年も倍旧のご厚情を賜りますよう、心よりお願い申し上げます。

Memo

「新春」「初春」を使うのは松の内までをめどに

明確な区切りはありませんが、新年や正月を祝う言葉ですから、家庭生活や仕事が日常に戻ってからも使うのはマッチしません。松の内（1月7日）まで、長くても小正月（1月15日）までにとどめましょう。

大《だい》寒《かん》

1月21日ごろ（〜2月3日ごろ）

一年で最も寒さの厳しい時期ですが、冬至から確実に日は長くなり、かすかな春の気配も感じられます。

七十二候

初候	次候	末候
款冬華（ふきのはな　さく） 凍った地面の中から、ふき（款冬＝かんとう・かんどう）の花が咲くころ。小寒の次候「水泉動（しみず　あたたかを　ふくむ）」で地中に生まれた春の気配が地上でも感じられるようになったが、厳しい寒さはつづく。	**水沢腹堅**（さわみず　こおりつめる） 厳寒のピークを迎え、沢を流れる水が凍ってかたく張るころ。	**雞始乳**（にわとり　はじめて　とやにつく） 立春も間近となり、その気配を感じた鶏が卵を産み始めるころ。

歳時記キーワード

二十日正月……1月20日。正月の祝いおさめとしてもちや魚を食べきる。正月用のぶりなどを最後に汁物で味わうため「骨正月」「あら正月」とも。

節分……2月3日ごろ。本来は、立春・立夏・立秋・立冬それぞれの前日が「節分」。旧暦では立春を新年ととらえ、重要な節目と考えたため、立春の前日だけを節分と呼ぶようになった。

豆まき……節分に、災いの象徴である「鬼」を豆で打って追い払おうとする行事。

恵方巻……節分の夜に食べると縁起がよいとされる太巻きずし。その年の恵方（吉の方角）を向き、まるかじりして食べるとよいとされる。

書き出しの文例（時候のあいさつ）

【漢語調のあいさつ】（「候」は「みぎり」でもＯＫ）

◆大寒の候　◆寒風の候　◆降雪の候

◆甚寒の候　◆寒梅の候　◆朔風の候

【話し言葉調のあいさつ】

★寒中お見舞い申し上げます。

★本日は大寒、その言葉どおりの冷え込みに、春が待ち遠しいこのごろです。

★寒気がことのほか身にしみるころとなりましたが、お元気でお過ごしのことと存じます。

★いよいよ寒気がつのってまいりました。

★冷気に身が引き締まる思いのする昨今ですが、お変わりなくお過ごしのことと存じます。

★★寒中お伺い申し上げます。

★★春の訪れが待たれるころとなりましたが、ご健勝にお過ごしのこととお喜び申し上げます。

結びの文例

★春の到来を心待ちに、まずは＊＊まで。

★立春目前とはいえ、まだまだ寒さがつづきます。どうぞご自愛くださいませ。

★雪の舞うこのごろ、お足元にお気をつけて。

★★春は、もうすぐそこまで来ています。どうぞおすこやかにお過ごしくださいませ。

★★甚寒の折、ご自愛専一になさってください。

Memo

「ご自愛専一に」は
目上の方向けの表現

「ご自愛ください」は、体をたいせつにしてくださいという意味で、男女や立場の上下を問わずに使える便利フレーズです。「最優先に」という意味の「専一」を加えると、よりていねいなニュアンスになります。

季節の鳥　春夏秋冬

春

うぐいす
きじ
こげら
すずめ
つばめ
はやぶさ　ひばり
ほおじろ　ほととぎす
みそさざい　めじろ
ゆりかもめ

夏

あおさぎ
いそひよどり
かいつぶり
かわせみ
くろさぎ
こしあかつばめ
こちどり
こまどり
たましぎ
ほしがらす
やませみ
よたか

秋

あおあししぎ
あかはら
こさぎ
ごじゅうから
せぐろせきれい
つぐみ
つつどり
ひよどり
まがも
まがん
むくどり
もず

冬

あおげら
おおたか
おしどり
おながかも
こはくちょう
こみみずく
しじゅうから
だいしゃくしぎ
ひどりがも
みやこどり
よしがも
るりびたき

公益財団法人 日本野鳥の会「野鳥だより・自然ごよみ」より

Part 3

こころのかたち 1

気持ちを伝える手紙の書き出しと結び

お中元・お歳暮などの季節のあいさつや、
お礼・お祝いのあいさつは、
相手の家に出向いて行うのが正式です。
しかし、昨今の状況に配慮して、直接会うことを避け、
あえて金品を送る選択をするケースもふえてきました。
その場合も、送りっぱなしにはせず、
手紙やはがきで心を伝えましょう。

季節の贈答（お中元）の送り状・基本ひな型

お中元の送り状

↓知人・仕事関係者へ

❶ 頭語と結語

プライベートなら「拝啓」で始め、「敬具」で結びます。ビジネスの場合は「謹啓」「謹白（敬白／謹言）」を用いることもあります。

書き出し（前文）

❶拝啓　❷夏空がまぶしい季節となりましたが、
❸＊＊さまにはご清祥にお過ごしのこととお喜び申し上げます。
❹日ごろは、公私にわたりまして何かとお世話

❷ 時候のあいさつ

暑い時期ではありますが、感謝のごあいさつの手紙なので、「酷暑」「猛暑」など、マイナスイメージの強い語は避けます。

❸ 安否のあいさつ

「＊＊さま」「貴社」「ご家族の皆さま」など、相手をさす言葉が行末にならないようにします。行末になりそうなときは改行して行頭にします。

になり、心より感謝しております。

主文

さて、本日は❺夏のごあいさつのおしるしまでに、心ばかりの品をご送付申し上げますので、ご笑納ください。皆さまのお口に合えば、幸いに存じます。

結び（末文）

❻時節柄、ご多用の毎日と存じますが、どうぞご自愛ください。

略儀ではございますが、書中をもちましてごあいさつ申し上げます。

❶敬□具□

❹ 感謝のあいさつ

プライベートのみのおつきあいなら「日ごろから、なにかと」。仕事関係者には「日ごろは、格別のご愛顧を賜りまして」など、相手との関係に応じて表現をアレンジします。

❺ 用件（お中元を送ることを知らせる）

「感謝の気持ち」がたいせつで、それを形にしたものがお中元の品です。単に「お中元をお送りします」では、気持ちが伝わらないので、注意しましょう。

❻ 結び

お中元は一般的に7月半ばまでに贈ります。それからが夏本番なので、盛夏に向けて体調を気づかう言葉で結びます。

季節の贈答（お中元）のお礼状・基本ひな型

お中元のお礼状

↓知人・仕事関係者へ

❶頭語と結語

日常的な礼状なので「拝啓（送り状が添えられていたときは拝復）」「敬具」の組み合わせで。女性の場合、頭語を省き「かしこ」で結んでもOK。

書き出し（前文）

❶拝啓　❷盛夏の候となりましたが、❸皆様にはお変わりなくお過ごしのことと存じます。❹いつもお心にかけていただき、心より御礼を申し上げます。

❷時候のあいさつ

はがきでお礼状を出すときは、長々とした時候のあいさつは不要です。

・＊＊の候（みぎり・季節・ころ）となりましたが

など簡潔なフレーズでOKです。

❸安否のあいさつ

親しい相手に対しては「当方も皆無事に過ごしております」など自分側の安否を書き加える場合もあります。

主文

さて、このたびは、ごていねいなお中元の品をご恵贈いただきまして、まことにありがとうございました。

夏の食卓には何よりの品で、恐縮しつつも嬉しくちょうだいすることにいたします。

結び（末文）

これから、ますます暑さに向かいます折から、皆様のご健勝をお祈り申し上げます。

まずは書中をもちまして御礼申し上げます。

敬□具□

❻ 結び

お中元なら、暑さの中で相手の体調を気づかう言葉、お歳暮なら、翌年の相手の健康や幸福を祈る言葉で結ぶと、まとまりがよくなります。

❹ 感謝のあいさつ

品物へのお礼を述べます。お中元・お歳暮を毎年贈ってくださる方へは

・いつもお心にかけていただき

・いつも温かいご配慮を賜り

など「いつも」を強調します。

❺ 用件（お中元へのお礼の言葉）

自分の家族構成や好物を考えて品選びをしてくれたときは、なるべく具体的な感謝の言葉を添えます。仕事上など、儀礼的な贈答の場合は「結構なお中元の品をありがとうございました」だけでもかまいません。

お歳暮の送り状

↓ 知人・仕事関係者へ

書き出し（前文）

拝啓　歳末を迎え、街ゆく人々の足どりも、あわただしく感じられるころとなりました。＊＊様ご一同様には、お変わりなくお過ごしのこととお喜び申し上げます。
　日ごろから、たいへんお世話になりまして、まことにありがとうございます。

主文

　つきましては、一年の感謝のおしるしまでに、ささやかな品をお届け申し上げました。ご家族の皆様で▲ご笑味くだされば幸いに存じます。

結び（末文）

■本来ならば、直接お伺いいたしましてごあいさつ申し上げるべきところ、まことに略儀ではございますが、書中にて御礼のごあいさつにかえさせていただきます。
　末筆ではございますが、明年の皆様のますますのご多幸を心よりお祈り申し上げます。

敬具

＊＊＊年十二月

▲注意点

「ご賞味ください」は誤り

「笑味」は、食べ物を贈るときに「つまらないものですが、笑って食べてください」と謙遜していう語。「賞味」は食べ物をほめて味わう意味で、「ご賞味ください」では「上から目線」表現になってしまいます。

■マナー

手紙という略式をわびる

実際は、デパートなどから配送するケースがほとんどでしょうが、本来、お中元やお歳暮は、相手のお宅へ自分で持参するものです。略式の方法で送ることをわびる表現を添えると「正式なマナーをわきまえている人」だという印象を与えます。

お歳暮の送り状

↓友人・親戚へ

書き出し（前文）

師走の候となりましたが、ご家族の皆様にはお変わりなく◆お過ごしの由、なによりのこととお喜び申し上げます。当方も、一同、つつがなく暮らしておりますので、ご休心くださいませ。

主文

さて、本日、お心のこもったお手紙と見事なイクラが到着いたしました。いつもごていねいなお気づかいをいただきまして、心より感謝いたしております。

真っ赤な宝石のようなイクラを、炊き立てのごはんにのせて、ぜいたくな北国の海の幸をたんのうしております。半量は冷凍して、お正月に使わせていただくつもりです。

結び（末文）

★そちらは厳しい寒さなのでしょうね。おかぜなど召しませぬよう、くれぐれもご自愛の上、ご家族そろっておすこやかな新年をお迎えくださいませ。

まずは一筆御礼を申し上げます。

かしこ

◆なるほどメモ

「〜の由」＝「〜とのこと」

「お過ごしの由《よし》」とは「お過ごしとのこと」あるいは「お過ごしだそうで」という意味。伝え聞いたことをあらわすときに使う手紙・文書用語です。相手からの送り状で、息災が確認されたときにつけ加えましょう。

★応用

親しい方へは話しかけるような文体で

文章を「〜ね」「〜よ」などで結ぶと、親しみのこもった文面になります。目上の方や仕事関係者へは「御地は厳しい寒さのことと拝察しております」とあらたまった文体にするなど、相手に合わせて表現を工夫しましょう。

贈答を辞退するときのお礼①返送するとき

→仕事関係者へ

書き出し（前文）

拝復　師走の候、ますますご健勝のことと存じます。

このたびは、ごていねいなお心づかいをいただきまして、◆恐縮しております。

主文

ご厚情はありがたく存じますが、弊社では、お取引先さまからのご贈答は、一律に辞退させていただいております。

お贈りいただきました品につきましては、まことに失礼ながら返送させていただきますので、ご受納くださいますようお願い申し上げます。手前勝手ではございますが、■規則で定められていることですので、あしからずご了承ください。

結び（末文）

末筆ながら、貴社いよいよのご発展をお祈りいたしております。まずは書中にておお礼かたがたおわび申し上げます。

敬　具

◆なるほどメモ

返送する場合は感謝ではなく「恐縮」

「結構な品をいただき、ありがとうございました」と、品物への賛辞とともにお礼を述べたのに、辞退して返送するのはおかしなものです。品物をほめる表現はあえて使わず、「恐縮しております」と控えめの表現にとどめるのが妥当です。

■マナー

「規則」なら角が立たない

品物を受けとらずに返送するのは、強硬な行為です。相手の気を悪くさせないよう、気持ちには感謝しているが規則（社内規定／ルール／公務員という立場上など）で受けとれない、という点を強調します。

贈答を辞退するときのお礼②返礼品を贈る

→夫の知人へ

書き出し（前文）

梅雨明けの日ざしに、本格的な夏の到来を実感するころとなりました。＊＊さまにはご清栄にお過ごしの由、なによりのことと存じております。

主文

さて、このたびは、ごていねいなお心づかいをいただき、たいへん恐縮しております。主人によりますと、先般の件は、当然のことをしたまでで、このようなご配慮をいただくのは心苦しいとのことです。

★今後は、季節のごあいさつは無用にしていただきたく、なにとぞよろしくお願い申し上げます。主人からも厳しく言い渡されておりますので、どうぞご理解くださいませ。

■ご厚意への御礼の気持ちとして、ささやかな品を別便にてお送り申し上げますので、どうかご受納ください。

結び（末文）

これからも、親しくご交誼いただきますことをお願い申し上げ、まずはお礼とご連絡を申し上げます。

かしこ

今回は受けとるが次回からは辞退するとき

★応用

・ご返送申し上げるのも失礼と存じ、今回に限り受けとらせていただきますが、今後は決してこのようなお気づかいをなさいませぬよう、お願い申し上げます。

・本来ならばご返送申し上げるところ、ご芳情のしるしとしてこのたびに限りまして頂戴いたします。

■マナー

同額程度の品を送り返す方法もある

辞退の手紙だけでは「遠慮」と受けとられることもあります。いただいた品物の額相当の別の品をこちらからも送って、毅然とした態度を示す方法も検討しましょう。

年賀状

親族・友人・知人へ

書き出し（賀詞）

主文・末文

■▲明けましておめでとうございます◆

皆さまには、おすこやかな新年をお迎えのこととお慶び申し上げます。旧年中はひとかたならぬお世話になり、まことにありがとうございました。本年も変わらぬご厚誼のほどをよろしくお願い申し上げます。

二〇＊＊年　元旦

■マナー

「賀正」など2文字の賀詞は目上→目下用

「謹賀新年」には「謹んで新年をお祝いします」という敬意が含まれていますが、「賀正」「迎春」などは、単に「正月を祝う」「春を迎える」という意味です。目上の方に対して熟語の賀詞を使う場合は「謹賀新年」「恭賀新年」などにしましょう。

▲注意点

「新年明けましておめでとう」は誤り

「明けまして」は「新年が明けて」という意味です。冒頭にさらに「新年」を加えると、言葉が重複してしまうことになります。

◆なるほどメモ

賀詞には句読点をつけない

句読点は、もともとは、幼い子どもでも文章を読みやすくするために用いられるようになった記号です。儀礼的な文章では、そのような意味を持つ句読点を使うのは相手に失礼との理由で、句読点を使いません。年賀状の賀詞にも、句読点をつけないのが通例になっています。

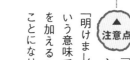

寒中見舞い（喪中に年賀状が来たとき）

→年賀状をいただいた方へ

書き出し

寒中お見舞い申し上げます

主文・末文

★早々に▲お年始状をいただきまして、ありがとうございました。実は、昨年十二月二十日、母が他界いたしましたため、年始のごあいさつを控えさせていただきました。◆お知らせが行き届かず、まことに失礼をいたしました。

寒さ厳しき折ではございますが、皆さまのご健康を心よりお祈り申し上げます。

▲注意点

喪中の場合、年賀状ではなく「年始状」にする

「賀」はおめでたいでき事という意味。自分や相手が喪中のときは、この表現を避け「年始状」とします。

◆なるほどメモ

訃報が行き届かなかったおわびを添える

年末に亡くなった場合だけでなく、近年は家族葬などの小規模葬儀のため、広い範囲に不幸を知らせない傾向があります。そのような場合は「近親者のみにて見送りましたため、お知らせいたしませんでした失礼をお許しください」「ごあいさつが行き届かず、不手際のほどをおわび申し上げます」などの文章を添えるとよいでしょう。

★応用

喪中と知らずに年賀状を出したとき

・ご服喪中とも存じませんで、お年始状をさし上げ、まことに失礼いたしました。私も三年前に親を見送りましたが、自分が「子ども」でいられる場所がなくなる寂しさを実感いたしました。お察しいたします。時節柄、どうぞ皆さまご自愛ください。

寒中見舞い（年賀状を出しそびれたとき）

↓親戚・友人・知人へ

書き出し（前文）

■寒中お伺い申し上げます

福寿草の花びらが、ひと足早い春の訪れを告げる季節となりました。皆さまには、ご健勝にお過ごしでしょうか。お伺い申し上げます。

主文

その節は、ごていねいにお年賀状を頂戴しながら、心ならずも当方からのごあいさつが遅れ、まことに申しわけございませんでした。

実は、昨年末に右手をねんざしてしまいまして、不本意な年末年始を過ごしておりました。おかげさまで、▲現在は本復いたしましたが、そのような次第で、皆さまにはお年賀のあいさつがかないませんでした。

結び（末文）

失礼のほどをおわび申し上げますとともに、本年も変わらぬおつきあいのほどをよろしくお願い申し上げます。

■マナー

松の内が明けてから出す

寒中見舞いは、松の内（1月7日まで）のあとに出します。目上の方には「見舞い」ではなく「お伺い」とするのがていねいなので、同じ文面を印刷して広範囲に送る場合は「お伺い」とするのが無難です。

▲注意点

年賀状が遅れた理由の書き方に注意

「家族旅行で不在だった」など、自慢げな理由は反感を買うことがあります。また「緊急入院した」「大けがをして寝込んでいた」では、相手に心配をかけてしまいます。「体調不良だったが現在は回復した」「郷里に戻っていた」程度が妥当です。

暑中見舞い

→友人・知人へ

書き出し（前文）

暑中お見舞い申し上げます

夏真っ盛りという毎日がつづいておりますが、

■皆さまお元気でお過ごしのことと存じます。

主文

早いもので、◆**転勤でこちらに引っ越してきてから4カ月がたちました。**＊＊県は、夫にとっても私にとっても生まれて初めての土地です。最初はとまどうことも多かったのですが、幸いにも子どもを通じて交流の輪が広がり、新しい環境にもようやく慣れてきたところです。

こちらは秋の＊＊祭に向けての準備が始まっています。ご興味がありましたら、ぜひお出かけくださいませ。及ばずながらご案内させていただきます。

結び（末文）

またお目にかかれるのを楽しみに、夏のごあいさつまで。

■マナー

相手をさす言葉が行末にならないようにする

相手への敬意を示すためのマナーです。行末になりそうなときは、改行して行頭から書きます。多少スペースがあいてもかまいません。

◆なるほどメモ

相手や自分の環境の変化をテーマにする

暑中見舞いは、親しい間柄での近況報告を兼ねたものです。転居・転勤・子どもの入学や就職など、相手の環境が変わったときは近況を尋ね、自分側に動きがあったときはそれについて書くと、心の通った文面になります。ただし、自分のことばかり書くとひとりよがりな便りになってしまいますので注意しましょう。

お祝いの手紙・基本ひな型

結婚祝いの手紙（コロナ禍で披露宴をしないとき）

→子どもが結婚する知人へ

❶ 頭語と結語

披露宴や祝賀会の案内への返信としてお祝い状を書くときは「拝復」「敬具」、自発的に手紙を書くときは「拝啓」「敬具」を使います。

❷ 時候のあいさつ

プライベートな祝い状では、漢語調より話し言葉調で書き始めるほうがソフトな印象を与えます。結婚祝いの手紙ですから、「新生活のスタートを切り」「寝苦しい」「厳しい寒さ」など印象の悪い言葉を避け、なるべく明るく前向きな表現を選び、晴れやかにまとめます。

書き出し（前文）

❶拝復　❷五月に入り、❸❹さわやかな風が心地よい季節となりました。

❺このたびは、お嬢さまのご結婚まことにおめ

主文

でとうございます。時節柄、披露宴はお控えになり、フォトウエディングになさるとのことですが、後日、晴れやかなお二人のお写真を拝見するのを楽しみにしております。

お嬢さまをことのほか慈しみ育てたことを存じ上げておりますだけに、ご両親さまの感慨もひとしおと拝察いたします。これからは、新しい息子さまがおできになられ、きっとにぎやかで楽しい毎日になることでしょう。

結び（末文）

❻気持ちばかりではございますが、当方からのお祝いを同封させていただきますので、どうぞお納めください。

まずは書中にて、心よりのお祝いを申し上げます。

❶敬□具□

❸ 安否のあいさつ
❹ 感謝のあいさつ

招待状への返信の場合は、これらのあいさつを省いて、すぐに用件に入ってもOKです。

❺ 用件
（結婚を祝う・お祝いを贈る）

結婚を祝う言葉から書き始めます。さらに、親の心情を思いやる言葉を添えると、あたたかみのある文面になります。

❻ 結び

気持ちを伝えるのが、手紙です。お祝いの金品については、手紙の末尾でさりげなくふれる程度にします。

出産祝い

↓初孫が誕生した友人・知人へ

書き出し（前文）

■お嬢さまのご出産おめでとうございます。

主文

★初めてのお孫さまの誕生に、ご家族の皆さまもさぞお喜びのことと存じます。また、お嬢さまとお孫さまが、ともに経過が順調と伺いまして、ほっと安心しております。
すてきなお嬢さまと、そのやさしいだんなさまとの間のお子さまですから、きっとかわいらしい女の子に成長されることでしょう。
お嬢さまがたはしばらくこちらにいらっしゃるとのこと、当面は、にぎやかながらも、お忙しい毎日がつづきますね。
最近は、育児関連の製品も情報も豊富で、とまどうことが多いかと存じますが、どうぞご自愛のうえ、久しぶりの子育てを楽しんでくださいませ。

結び（末文）

気持ちばかりのお祝いを同封いたしましたのでお納めください。まずはひとことお祝いを申し上げます。

かしこ

■マナー

「おめでとう」と書き出してOK

時候のあいさつから始めるのが手紙の基本ですが、親しい相手にお祝いや感謝の手紙を書くときは、冒頭のあいさつを省き、「おめでとう」「ありがとう」というメッセージで書き始めると、気持ちがストレートに伝わります。

★応用

パパ・ママに対してお祝いの手紙を書くとき

・ご出産おめでとうございます。お二人で力を合わせ、子育てを楽しんでくださいね。
・お二人のかけがえのない宝物が、すくすくと成長なさることをお祈りいたします。

小学校の入学祝い

↓ 親戚へ

書き出し（前文）

桜の便りが聞こえてくる季節となりました。

四月から、いよいよ＊＊くんも小学生ですね。ご入学おめでとうございます。

かわいらしくよちよち歩きをしていたのが、つい先日のことのように感じられますのに、お子さまのご成長は、ほんとうに早いものです。大きな節目をお迎えになって、

主文

◆ご家族の皆さまのお喜びとご感慨もひとしおでしょう。

＊＊くんご本人も、きっと入学を楽しみに心躍らせていることでしょうね。たくさんのお友だちといっしょに、元気に毎日を過ごすことを願っております。

結び（末文）

心ばかりではございますが、▲お祝いのしるしを同封させていただきますのでお納めくださいませ。

末筆ながら、皆さまのご健康とご多幸をお祈りいたしまして、まずは書中にてお祝い申し上げます。

かしこ

◆なるほどメモ

親あてには子育ての感慨にふれる表現を

入園・入学・進学を祝う手紙は、お祝いの送り状をかねるケースがほとんどで、親あてに出すのが自然です。その際には、親としての安堵や感慨を思いやる表現を添えると、心の通った文面になります。

▲注意点

中高一貫校の場合も4年進級時にお祝いを

出産祝いは、親族のほか、職場の同僚などから贈る場合もありますが、入園・入学・進学祝いを贈るのは、ごく親しい間柄同士です。相手からいただいたお祝いとのバランスを考え、「高校進学時」にあたる節目にもお祝いをするのが一般的です。

長寿祝い

↓知人へ

書き出し（前文）

拝啓　菊花の候となりましたが、＊＊さまにはご清祥にお過ごしのこととお喜び申し上げます。

主文

このたびは、めでたく■◆**喜寿をお迎えとのこと**、心よりお祝いを申し上げます。

日ごろ、ゴルフで日焼けをした精悍なお姿を拝見しているだけに、お祝いの節目はまだ先のことと思っておりましたので、実は少々驚いております。健康管理に気をつかう、日々の精進の賜物でございましょう。

このうえは、いっそうご自愛のうえ、さらなるおめでたい節目を重ねられ、私どもをお導きいただければと願っております。

結び（末文）

まことにささやかではございますが、お祝いのしるしを別便にてお送り申し上げましたので、ご笑納ください。

まずは書中にてお祝いを申し上げます。

敬具

■マナー

「お祝いをするのは喜寿以降」が主流に

壮健な高齢者がふえ、「年寄り扱い」は嫌うもの。祝う場合も「そのような年齢には見えない」と軽い驚きを伝えるほうが喜ばれます。

◆なるほどメモ

長寿祝いの名称と由来

名称	年齢（数え年）	由来
還暦《かんれき》	61	暦が60年で一巡する
古希《こき》	70	「人生七十年古来稀なり」
喜寿《きじゅ》	77	喜の草書体「㐂」
傘寿《さんじゅ》	80	傘の略字「仐」
米寿《べいじゅ》	88	米を分解すると八十八
卒寿《そつじゅ》	90	卒の略字「卆」
白寿《はくじゅ》	99	百から一をとると「白」
百賀《ひゃくが》	100	文字どおり１００歳の祝い

開店祝い

→知人・友人・親族へ

書き出し（前文）

拝復　さわやかな五月の風とともに、うれしいお知らせをいただきました。

主文

このたびは、念願のショップご開店、まことにおめでとうございます。これまで地道な努力を重ねながら、着々と実績を積んでいらしたことをよく存じておりますので、今回のご開店を、わがことのようにうれしく思っております。

伺うところによりますと、奥さまが販売を担当なさるとのことですね。力強い二人三脚で、お店も成功まちがいなしと確信しております。■お店の近くに住む知人がおりますので、及ばずながら宣伝活動をさせていただきます。

結び（末文）

気持ちばかりではございますが、お祝いを同封させていただきましたので、お納めください。

★お店のご繁盛とご家族の皆さまのご多幸を祈念いたしまして、まずは書中にてお祝い申し上げます。

敬具

■マナー　率先して利用し、人にも紹介するのが最大の応援

近くに開店したのなら、みずから利用して、その際にお祝いの言葉と金品を届ければＯＫです。遠方なら、メッセージとともにお祝いの金品を送り、できる限りの応援をする旨を伝えると喜ばれます。

★応用　成功を祈り、応援するフレーズ

・エネルギーに満ちた起業家精神を頼もしく感じています。

・ご円満な形で独立開業を果たせたのも、ひとえに＊＊さまのお人柄と実力によるものでしょう。

・私でお役に立てることがあれば、なんなりとおっしゃってください。

お祝いへのお礼状・基本ひな型

出産祝いへのお礼

→お祝いをいただいた方へ

❶ **頭語と結語**
友人・同僚など同世代に贈る場合は「拝啓」「敬具」を省き、「暑さも……」と書き始めるほうが、親しみのこもった文面になります。

❷ **時候のあいさつ**
出産という祝い事へのお礼なので、「残暑」など厳しさを感じさせる表現を避け、明るい言葉を選びます。

❸ **安否のあいさつ**
ママや赤ちゃんのその後を、相手も気にかけてくれているので、こちらの状態も伝えます。「夜泣きで毎晩寝不足です」など心配させるようなことを書くのは控えます。

書き出し（前文）

❶拝啓　❷暑さもようやく峠を越え、過ごしやすい季節となり、❸皆さまには、おすこやかにお過ごしのこととお喜び申し上げます。おかげさまで、当方も母子ともに順調でございます。

主文

さて、このたび私どもの長女の出生に際しましては、❺**さっそくごていねいなお祝いをいただきまして、まことにありがとうございました。**

太陽のように明るく、菜の花のようにすくすく育ってほしいという願いを込め「陽菜(ひな)」と命名いたしました。これからは二人で協力し、育児に励んでまいりたいと存じます。未熟ではございますが、どうぞこれからもよろしくお願い申し上げます。

なお、ささやかですが内祝のしるしをお届け申し上げますのでご笑納ください。

結び(末文)

❻**末筆ながら、皆さまのますますのご健勝とご多幸をお祈り申し上げます。**

❶**敬□具□**

❹感謝のあいさつ

お礼が本題なので、前文では感謝のあいさつは省いてOKです。

❺用件(お祝いへのお礼)

洋服や育児グッズなど、品物でお祝いをいただいたときは「お心のこもった/かわいらしい(お祝いをいただき)」とアレンジします。

❻結び

祝い事に関する手紙では、「ご自愛ください」などの気づかいの言葉より、相手の健康や幸福を祈る表現で結ぶほうが明るい印象になります。

結婚祝いへのお礼

↓友人へ

書き出し（前文）

さやかさま
あじさいの花が、雨に映える季節となりました。お元気でお過ごしのことと存じます。

主文

このたび、私どもの結婚に際しましては、ごていねいにもお祝いをいただきまして、まことにありがとうございました。新生活のために、有効に使わせていただきます。

遠方ですので、披露宴へのお招きは控えさせていただきましたのに、お心づかいをいただき、恐縮しております。

本日、■◆内祝のしるしまでに、ささやかな品を別便にてお送りいたしましたので、お納めくださいませ。

結び（末文）

新居もようやくととのいましたので、こちらへご旅行の機会がありましたら、ぜひ遊びにいらしてください。心よりお待ちしております。

これからもどうぞよろしくお願いいたします。

かしこ

■マナー

披露宴に出席しなかった方へは内祝い品を送る

披露宴の出席者へは、宴でのもてなしと引き出物が「お返し」となります。欠席者や、招待していないのにお祝いをいただいた方へは、結婚後1カ月以内をめどに内祝として返礼品を送ります。

◆なるほどメモ

内祝いとは、本来は自発的に行うもの

祝い事のあった家が、その喜びを分かち合うために贈るのが、本来の内祝いです。お祝いをいただいたからお返しするという姿勢は失礼なので、「お祝いのお返しとして」「返礼として」などの表現は使わないようにしましょう。

中学校入学祝いへのお礼

↓親戚へ

書き出し（前文）

春らしいうららかな毎日がつづいておりますが、ご家族の皆さまにはおすこやかにお過ごしのこととお喜び申し上げます。

主文

さて、先日は、**★健太のために入学祝いをいただきまして、まことにありがとうございました。**いつもお心にかけていただきまして、ほんとうに感謝いたしております。

中学の制服の準備もととのいまして、本人に着せてみましたが、驚くほどに大人びて見え、親として感慨深いものがございました。これからも、健太の成長をお見守りくださいますよう、どうぞよろしくお願い申し上げます。

本日は、気持ちばかりの内祝いのしるしをお届けいたしますので、ご笑納ください。

結び（末文）

さわやかな季節を迎え、皆さまのますますのご健勝をお祈り申し上げます。

かしこ

★応用 子どもが自分で書くお礼状文例

先日は、入学祝いを送っていただき、どうもありがとうございました。

中学に入ると、勉強が急にむずかしくなると聞いていますので、自分でしっかり目標を立てる習慣をつけたいと思っています。

部活は野球部に入るつもりです。両親と相談し、いただいたお祝いで道具をそろえたいと思っています。

夏休みには、そちらに伺う予定ですので、またよろしくお願いします。

どうもありがとうございました。

※中学入学以降は本人からもお礼状を書かせます。礼儀正しい紋切り型の文面より、自然体で話しかけるような文章のほうが好感度大です。

長寿のお祝いへのお礼（親の代筆）

↓目上の親戚へ

書き出し（前文）

拝啓　残暑もおさまり、爽秋のみぎりとなりましたが、■ご尊家の皆さまにはいよいよご清栄の由、たいへん喜ばしいことと存じます。

主文

さて、このたび母が米寿を迎えました折には、ご丁重なるご祝詞ならびに過分なご高配を賜りまして、まことにありがたく、厚く御礼を申し上げます。

おかげさまで、母もこのところは小康状態で、私どもとともに近隣への散策を楽しむこともございます。日ごろ、皆さまからお心にかけていただくことが、母の励みになっているものと思われ、あらためて感謝申し上げる次第です。

本日、★米寿の内祝いと感謝のおしるしまでに、心ばかりの品をお届け申し上げますのでお納めください。

結び（末文）

本来ならば拝眉のうえごあいさつすべきところ、略儀ながら書中をもちまして御礼申し上げます。

敬具

■マナー

目上の方へのお礼状は格調高い表現で

一般的なお礼状では、○表現で十分に敬意が伝わりますが、かなり目上の相手へのお礼や、冠婚葬祭に関する儀礼的なお礼では、よりフォーマル度の高い◎表現を用います。

○ご家族の皆さま→◎ご尊家の皆さま
○お祝いの言葉→◎ご祝詞
○お心づかい→◎ご高配
○お目にかかって→◎拝眉のうえ

★応用

長寿の内祝いについての別の言い回し

・息災に節目を迎えられました喜びのしるしといたしまして……
・つつがなく過ごしておりますことへの感謝の気持ちを込めまして……

贈り物をいただいたお礼

↓友人へ

書き出し（前文）

四万十川の見事な鮎を、確かに受けとりました。珍しく貴重なものを、当方まで◆お相伴にあずかりまして、ありがとうございます。

主文

さっそく昨晩、家族で賞味させていただきました。独特の芳香は、日本一の清流といわれる四万十川の藻によるものでしょうか。当地では決して味わうことのできない自然の恵みを、存分に堪能させていただきました。

ご主人が釣りをなさることは、このたび初めて知りましたが、たいへんすてきなご趣味をお持ちですね。

みどりさんもご同行なさることがあるのでしょうか。今度お目にかかったときに、いろいろお話を伺わせてくださいませ。

結び（末文）

本日は、■まずは御礼のみにて。ご主人さまに、くれぐれもよろしくお伝えくださいませ。

かしこ

◆なるほどメモ

贈り物やもてなしのお礼に「お相伴にあずかる」

自分はメインではないが、贈り物をいただいたり、もてなしを受けたりした場合に用います。文例のように、家族のために釣った魚をおすそ分けしてもらったときや、上司から接待の席に誘われたときなどに「お相伴にあずかります」と、相手への敬意を示しながら使う表現です。

■マナー

贈り物への返礼品はすぐに送らなくてもよい

相手の好意による贈り物に対して、すぐにお礼の品を返すと、味けなく思われることがあります。後日「相手の好物をたまたま見つけた」などとして返礼するほうがスマートです。

お世話になったお礼状・基本ひな型

子どもの就職でお世話になったお礼(内定の場合)

→知人へ

書き出し(前文)

❶謹啓　❷桜花爛漫の候となりましたが、
❸＊＊さまにはご清栄にお過ごしのこととお喜び
申し上げます。

❶ 頭語と結語
あらたまったお礼なので「謹啓」「敬白」を用います。頭語は「謹啓」が一般的ですが、結語は「敬白」「謹言」「謹白」いずれもOKです。

❷ 時候のあいさつ
就職内定という、明るい喜びを表現する言葉を選びます。春なら「陽春」、夏なら「盛夏」、秋なら「爽秋」などがふさわしいでしょう。

❸ 安否のあいさつ
あらたまった手紙では「お元気ですか?」と問いかけず、「～のこととお喜び申し上げます」と、相手の健康を確信する表現にととのえます。

主文

さて、このたびは私どもの長男の就職のため❺**にひとかたならぬお世話をいただきまして、まことにありがとうございました。**先日、とり急ぎお電話にてご報告申し上げましたが、おかげさまで＊＊さまにご紹介いただきました＊＊株式会社から内定の通知がございました。

これもひとえに、＊＊さまのお力添えの賜物と深く感謝申し上げます。このうえは、ご恩に報いることができるよう仕事に精励する覚悟と、長男も申しております。どうぞ今後ともご指導ご助言のほど、よろしくお願い申し上げます。

結び（末文）

❻**後日あらためまして長男とともにごあいさつに伺いますが、まずは書中にて衷心より御礼を申し上げます。**

❶敬□白□

❹感謝のあいさつ

主文でお礼を述べるため、前文では感謝のあいさつは省きます。

❺用件（内定の報告とお礼）

お世話になったお礼状は、結果の報告→相手の協力や世話への感謝→今後に向けての言葉の順に書き進めると、まとまりがよくなります。

❻結び

たいへんお世話になった場合は、手紙だけですませず、後日出向いてお礼を述べます。「衷心より」は「心から」をていねいにした表現です。

転職でお世話になったお礼(不採用の場合)

知人へ

書き出し(前文)

拝啓　◆時下ますますご清栄のことと存じます。

主文

このたびは、突然のお願いにもかかわらず、私の転職に際しましてヘ＊＊社へのお口添えを賜り、まことにありがとうございました。＊＊さまのご紹介ということで、面接には応じていただけましたが、■残念ながら当方の力不足により、採用には至りませんでした。＊＊さまのご厚情に報いることができず、たいへん申しわけなく存じております。

今後は、違う分野の仕事にも目を向け、求職活動を継続してまいる所存です。どうか今後とも変わらぬご指導をよろしくお願いいたします。

感謝のしるしまでに、ささやかな品をお送りいたしますので、ご受納くださいますようお願い申し上げます。

結び(末文)

本来ならば参上してごあいさついたすべきところ、略儀ながら書中にて御礼を申し上げます。

敬具

◆なるほどメモ　季節を問わずに使える「時下ますます……」

「時下」は「このごろ」という意味。上品で美しい季節のあいさつがそぐわない、書きにくい手紙や事務連絡に向く表現です。

■マナー　頼み事が不首尾に終わったときも必ずお礼を

うまくいかなかったときこそ迅速に報告し、感謝を伝えましょう。理由は「私の力不足」とするのが原則ですが、スケジュールや費用の折り合いがつかなかったなど事務的な理由なら、そのまま伝えてかまいません。

相手のお宅に招かれたお礼

→友人夫妻へ

書き出し（前文）

■昨日は、すてきなホームパーティーにお招きいただき、ありがとうございました。時間がたつのも忘れるほど楽しく過ごさせていただき、すっかり長居してしまいました。あとでお疲れが出たのではないかと恐縮しております。

主文

ご夫妻の行き届いたおもてなし、居心地のよいリビング、センスのよいインテリア、なにからなにまですばらしく、帰宅してから夫と家の中を見渡し、思わずため息をついてしまいました。

お料理もたいへんおいしくいただきました。特にデザートのタルトは絶品ですね。こんど、ぜひとも作り方を教えていただきたいと存じます。

結び（末文）

いずれ、拙宅にもお招きする機会を作りますので、どうぞよろしくお願いいたします。まずは一筆お礼のみにて失礼いたします。

かしこ

■マナー

お世話になった内容によっては電話＋手紙でお礼を

お礼の手紙は、スピードとタイミングがたいせつです。文例のように、もてなしを受けた場合は、翌日にはお礼状を投函したいものです。一方、旅先で案内してもらったり、頼み事をしたりした場合は、相手は「その後どうなっただろうか」と気にしているものです。「無事に帰宅しました」「おかげさまでうまくいきました」など、当座の報告は電話で行い、その後あらためて手紙を書くという2段階で連絡すれば、よりていねいなお礼の気持ちが伝わります。

会食に招かれたお礼

→仕事関係者へ

書き出し（前文）

拝啓　■**昨日の雨はすっかり上がり、高い秋空が広がっております。**

主文

このたびは貴重なお時間をさいていただき、そのうえ過分な▲**おもてなしにもあずかりまして、**まことにありがとうございました。

＊＊さまがごひいきになさっている店だけあって、味はもちろんのこと、雰囲気もお店の方の対応もすばらしく、ほんとうに感服いたしました。

また、＊＊さまから公私にわたる興味深いお話を伺うことができ、たいへん勉強になりました。ご教示いただきましたことを胸に刻み、今後も精進してまいりたいと存じますので、なにとぞよろしくお願い申し上げます。

結び（末文）

向寒の折でございますので、なにとぞご自愛ください。まずは書中をもちまして御礼を申し上げます。

敬具

■**マナー**

会ったばかりの相手には「きょうの気候」を題材にもてなしを受けた日に「肌寒くなりましたね」などの季節のあいさつは交わしているはずですから、手紙で再度「＊＊の候」「＊＊の季節になりましたが」という表現を使うのは不自然です。天候の変化にふれるなど、体感した言葉を選びましょう。

▲**注意点**

「ごちそうになり」ではストレートすぎる

「ごちそうになり」「ご接待いただき」「おごっていただき」などは、相手の金銭的な負担を直接イメージさせるため、品性に欠けます。「おもてなし（お招き）にあずかり」が礼儀にかなった表現です。

高齢の親がお世話になっているお礼

親が入所する施設へ

書き出し（前文）

初めてお便りをさし上げます。▲先月から貴所でお世話になっております、＊＊＊の長女（男）の＊＊と申します。

主文

入所の手続きに同行して以来、伺うことがかなわず、たいへん心苦しく存じております。遠方で歯がゆい思いをしておりますが、皆さまの行き届いた介護体制のもと、母を安心してお預けできることを、たいへんありがたく存じております。

感謝のしるしまでに、気持ちばかりですが、■当地の名産品をお届け申し上げますので、皆さまでお召し上がりいただければ幸いです。

結び（末文）

来月には、なんとか休暇を取得してそちらに伺いたいと考えておりますが、不都合などあればなんなりとご連絡ください。どうぞ今後とも、母をよろしくお願いいたします。まずは一筆御礼のみにて失礼をいたします。

▲注意点 **必要に応じて封筒の差出人名にも注記を**

覚えのない差出人からの手紙や荷物は、不審に思われることがあります。差出人名に「佐藤友子（鈴木和子の長女）」などと注記を添えておきます。手紙文でも、文例のように自己紹介から始めるとよいでしょう。

■マナー **お礼の品選びは相手の立場を考えて**

職員に行きわたる数の個包装の、日もちするお菓子や、ミニボトルのドリンク類が一般的には喜ばれます。ただし、施設（病院）の方針として、金品を受けとらない場合もあります。可能なら、事前に電話で確認してから送ります。

寄付・寄贈へのお礼

↓イベントの協力者へ

書き出し（前文）

拝啓　秋も深まってまいりましたが、皆さまにはご清祥にお過ごしのこととお喜び申し上げます。日ごろは当会の活動に温かいご理解と協力を賜り心より御礼申し上げます。

主文

このたびは、当会主催の友愛バザーのためにお力添えをいただきまして、まことにありがとうございました。おかげさまで、バザーは無事に終了し、事前の目標を上回る売り上げを達成することができました。これもひとえに皆さまのご協力のおかげと深く感謝する次第です。

バザーの収支と★**使途**につきましては、■**別紙のとおりでございますので**、ご高覧ご確認くださいますようお願い申し上げます。

結び（末文）

今後も、当会の活動にご支援ご協力を賜りますよう、心よりお願い申し上げまして、ご報告かたがた御礼を申し上げます。

敬具

★応用　**使途の説明をする別の言い回し**

・**皆さまからの篤志は、かねてご案内の通り＊＊へ寄付いたしました。**

・**ご協力のおかげをもちまして、念願の備品＊＊購入のめどが立ちましたことをご報告申し上げます。**

・**皆さまからの義援金は、＊月＊日、確かに＊＊さんに手渡しました。**

■マナー　**収支などは明確な数字できちんと報告する**

①収入（寄付金や売上金など）②支出（経費）③収益　④収益の使途（団体に寄付した場合はその領収証を添付）を別紙にまとめて報告します。誠実に金品を管理する姿勢が、次の協力へとつながります。

Part 4

こころのかたち 2

書きにくい手紙だから気をつけたい書き出しと結び

相手の気を悪くさせないだろうか。
表現に頭を悩ませる、むずかしい手紙もあります。
ていねいに、しかも自分の気持ちを的確に
伝える表現をマスターしましょう。

お願いの手紙・基本ひな型

子どもの身元保証人を依頼する

→知人へ

書き出し（前文）

❶拝啓　❷＊＊の候、❸いよいよご隆昌のこととお喜び申し上げます。❹日ごろはご無沙汰ばかりしておりますのに、お願い事のときだけご連絡するようで心苦しいのですが、本日は娘の就職の件でご相談申し上げたく、お手紙をさし上げます。

主文

❺実は、来春の＊＊株式会社への入社が内定しておりますが、都内在住の身元保証人一名を立てる必要があります。ご存じのように、当方の

❶頭語と結語／❷時候のあいさつ

あらたまったお願いの場合は「拝啓　＊＊の候」という定型的な書き出しが無難です。

❸安否のあいさつ
❹感謝のあいさつ

お願い事の場合は、前文の中で「依頼のための手紙」であることを明らかにしましょう。相手にまず用件を伝えるのがマナーであり誠意です。

親類は当地に集中しており、東京在住者がおりません。さらに保証人として社会的信用のある方となりますと＊＊さまのほかには思い当たらず、お引き受けいただけないかと、厚かましくお願い申し上げる次第です。

親が申すのもはばかられますが、娘は堅実に育ち、万が一にもご迷惑をおかけするようなことはないと存じます。ご承引いただければ、娘が必要書類を持参して、お願いのごあいさつに参上する所存です。

結び（末文）

❷後日あらためましてご返答を伺うためにご連絡させていただきますが、まずは書中にてお願い申し上げます。

❶敬□具□

❺用件（お願い事の内容）

・何をお願いしたいのか（具体的に）
・なぜ相手に頼むのか
・承諾してくれた場合の手続きなど

を順を追って説明します。文例のように保証人という役割なら迷惑をかけないと誓い、手間がかかりそうな依頼ならどの程度のことをしてほしいのかを具体的に記し、相手が「そういう事情なら私が引き受けよう」と思ってくれるように書きます。

❻結び

用件によっては「返事がほしい」ではなく、「お返事はこちらからあらためて伺う」とするのがていねいです。

面識のない方へのお願い

↓ 知人の知人へ

書き出し（前文）

初めてお便りをさし上げます。

◆＊＊株式会社の＊＊さまよりご紹介を受けました、＊＊会の＊＊＊＊と申します。

このたび、先生にご講演をと、＊＊さまを通じてご依頼をさし上げましたところ、文書で内容をとのことでしたので、ご連絡する次第です。

詳細は、■別紙の資料をご高覧くださいますよう、お願い申し上げます。

主文

先生がご多忙であることは重々承知しておりますが、私どもの会の創立＊周年という記念の節目に、＊＊界の代表的な存在である先生のご高話を賜ればと考えております。

結び（末文）

追って、お返事を伺うためにお電話をさせていただきますが、なにとぞご承引くださいますよう、書中にてお願い申し上げます。

◆なるほどメモ

頭語を省き自己紹介から始める

面識のない方への手紙は「初めてお便りをさし上げます」（上の文例）または「突然お手紙をさし上げる失礼をお許しください」と、相手に話しかける調子で書き始め、自己紹介や連絡した理由へとつづけます。この場合、頭語や時候のあいさつは省くのが一般的です。

■マナー

詳細な情報は別紙または別記で箇条書きにする

日時または日程の候補、場所、テーマ、謝礼の額、交通費の扱い、依頼する会の概要、受講者（聴衆）の年代や人数などを箇条書きでわかりやすく示します。

頼みにくいお願い①子どもの宿泊を依頼する

✉ 👤 → 親戚へ

書き出し（前文）

松の内の静けさも去り、お忙しくお過ごしのことと存じます。私どもも、おかげさまで皆元気にしております。

本日は折り入ってお願いしたいことがあり、■お手紙をさし上げました。

主文

実は、娘の加奈が御地の＊＊大学を受験するのですが、受験日の前日＊月＊日（＊）から一泊のみ、**◆お宅に泊めていただけないでしょうか。**

ホテルに宿泊させることも考えたのですが、不慣れな土地で一人になることは親も本人も心配なのです。まことに過保護で身勝手なお願いですが、思い切ってお手紙をさし上げました。

結び（末文）

あらためて、お返事を伺うためにお電話いたしますので、ご家族でご検討いただけますよう、よろしくお願い申し上げます。

かしこ

■マナー

有無を言わせない電話より検討の猶予のある手紙で

親しい間柄なら電話でお願いしたいところですが、宿泊は相手に大きな負担をかけますから、突然依頼してその場で返答を求めるのは失礼です。手紙で依頼し、ワンクッションおいて返事をもらうのが礼儀にかなっています。

◆なるほどメモ

頼みにくいお願いは文末をお尋ねモードに

△**泊めてください**
と言いきると、高圧的な印象を与えてしまいます。
○**泊めてくださいませんか。**
○**泊めていただけませんでしょうか。**
と意向を伺う文末が好印象です。

頼みにくいお願い②借用を依頼する

→知人・親戚へ

書き出し（前文）

拝啓　春まだ浅き気候の日々がつづいておりますが、＊＊さまにはご清栄のこととお喜び申し上げます。

主文

さて、突然のお願いで恐縮ですが、＊＊さまご所有のワンルームマンションを四月から★**お借りすることはできますでしょうか。**

実は、長女が＊＊大学に進学することが決まり、下宿先をさがしております。■**御地の不動産業者に仲介してもらうことも考えましたが、**初めての一人暮らしでなにかと不安も多く、＊＊さまの管理下ならば安心だと思い立った次第でございます。

結び（末文）

もし、ご貸与いただけるようであれば、賃料などのことも含め、詳細はあらためてご相談に伺いたく存じます。どうぞよろしくご検討くださいますようお願い申し上げます。

敬具

★応用

借金を依頼するときの事情説明

「予定していた入金が遅れ、不足分＊＊万円をご用立ていただければと存じます。＊月中には入金されますので、必ず＊月末までには返済いたします」など、①やむをえない事情→②借りたい金額→③入金の見込み→④返済期日　の順に説明します。

■マナー

自分なりに手は尽くしたことを説明する

借金なら金融業者、借用ならレンタルの利用が一般的になり、知人や親戚間での貸し借りが少なくなった時代です。業者などの利用も検討したうえで、なぜ相手に頼むのかを説明すると、依頼がスムーズに運びます。

頼みにくいお願い③高齢の親の世話を依頼する

書き出し(前文)

■突然のお手紙で驚かれたことと思います。実は、お母さんの件でなんとかお願いしたいことがあり、ご連絡いたしました。

主文

実は、来月上旬に里の父が、良性腫瘍の手術のため入院することになりました。ご存じのように、実母はすでに他界しており、きょうだいもおりませんので、術後、容体が安定するまで、私が付き添えればと思っております。

つきましては、私が郷里に戻っております数日の間、お宅さまでお母さんを預かっていただけないでしょうか。お母さんも、家にだれかがいないと不安だとおっしゃっています。

結び(末文)

手術の日程が決まりましたらまたご連絡いたします。▲

なにかとご多用の折とは存じますが、どうぞよろしくご検討くださいませ。

かしこ

↓夫の姉妹へ

■マナー　電話やメールでの依頼より誠意と切実さが伝わる

親族間なら、わざわざ手紙をやりとりすることは少ないかもしれません。しかし、めったに受けとらない手紙だからこそ、用件の重要さが相手に伝わるものです。

▲注意点　「たまには介護の分担を」などの表現は反感を買う

介護する側が求めるのは「理解」「自分の時間」、そして「金銭」の3点に集約されるでしょう。しかし「わかってほしい」「時間がほしい」と権利を主張しては相手の気持ちがこじれることもあります。こういう事情で勝手なお願いですが、とソフトに切り出すほうがうまく事が運びます。

頼みにくいお願い④再就職への世話を依頼する

✉ 👥→知人へ

書き出し（前文）

拝啓　＊＊の候、お変わりなくご活躍のことと存じます。

実は、＊＊さまにお力を貸していただきたいことがあり、お手紙をさし上げます。

主文

このたび、諸般の事情により、勤務先を早期退職いたしました。以来、新しい職場を求めて奔走しておりましたが、いまだ決定に至ってはおりません。厚かましいお願いでございますが、★ご交際の広い＊＊さまならお心あたりがあるのではないかと存じまして、ご連絡をさし上げる次第です。

ご検討いただくための資料として、履歴書と職務経歴書を同封させていただきました。■いきなりお送りする失礼をどうぞお許しください。

結び（末文）

よろしければ、近日中にご相談のため参上したく存じます。追ってお返事を伺うためにご連絡いたしますが、なにとぞよろしくお願い申し上げます。

敬具

★応用　なぜ相手に依頼するかの理由の書き方

次のように、相手への敬意と信頼をあらわしながら依頼します。

- ＊＊業界で幅広い人脈をお持ちの
- ＊＊業界におくわしい
- ＊＊の第一線でご活躍中の
- ＊＊分野に精通していらっしゃる
- ご人望の厚い

■マナー　履歴書をいきなり送付する非礼をわびて

就職や転職の依頼の際、履歴書や職務経歴書は重要な資料になります。ただ、本来は、依頼そのものを受諾してもらってから届けるものです。依頼と同時に送付する場合は、「失礼ですが」のひと言を忘れずに。

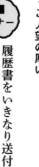

頼みにくいお願い⑤寄付のお願いをする

（保護者会代表）→印刷して広範囲に

書き出し（前文）

拝啓　時下ますますご清祥のことと存じます。平素は＊＊スポーツ少年団野球部のためにあたたかいご理解とご協力を賜り、厚く御礼を申し上げます。

主文

さて、このたび当部は＊＊ブロック代表に選抜され、創部以来初めて、＊＊県交流大会に出場するはこびとなりました。この栄誉は、選手一同の努力だけではなく、関係各位のこれまでの力強い応援とサポートによるものと、心より感謝いたしております。

しかし、現在の財源では、交流大会に必要な諸費用をまかなうことができません。つきましては、■別紙のとおり寄付金を募り、皆さまとともにチームを応援していきたいと考えております。

結び（末文）

まことに恐縮ですが、■なにとぞご支援を賜りますよう、お願い申し上げます。

敬具

■マナー

募集要項は別紙で箇条書きに

①募集期間 ②寄付金額（「一口5千円、何口でも可」など）③目標金額 ④寄付方法（口座番号記載、振込用紙同封など）⑤使途 ⑥代表者連絡先は必須項目です。

■マナー

募集期間終了後協力者へはお礼状を出す

大会が終わったら、128ページの文例を参考にお礼状を出します。「1回戦では、＊＊ブロック代表チームと対戦し、全力を尽くしたものの0－1で敗れました。残念な結果ではありますが、選手たちはこの経験を今後に生かしてくれることと存じます」など戦績についてもふれます。

断りの手紙・基本ひな型

就職の紹介依頼を断る

→知人へ

❶頭語と結語

相手の手紙への返事なので「拝復　お手紙（ご書状／ご書面／お便り）拝見（拝読／拝誦）しました」と書き始めます。

書き出し（前文）

❶**拝復**　**お手紙拝見いたしました。**

❷❸❹**さっそくですが、**先日ご依頼をいただきましたお嬢さまのご就職の件につきましては、心苦

主文

❷時候のあいさつ
❸安否のあいさつ
❹感謝のあいさつ

相手は、返事を心待ちにしていますし、まず知りたいのは「結論」です。書き出しのあいさつは省いて、すぐに用件に入りましょう。あいさつから書き始めるとしても、「時下ますますご清栄のことと存じます」程度の簡潔な文章にします。

しいお返事をしなくてはなりません。

ご依頼を受けまして、人事の担当者に確認いたしましたが、❺**弊社では一次試験である筆記の成績が最優先され、二次の面接でも縁故の有無により結果が左右されることはいっさいないとのことです**。昨今の社会的風潮を受け、採用基準はどこも厳密になっているようで、業界の他社も同様の状況であると思われます。

そのような次第で、まことに申しわけありませんがお役に立てませぬこと、なにとぞご了承くださいますよう、お願い申し上げます。

結び（末文）

お嬢さまの実力によって、❻希望どおりの道が切り開かれますことをお祈りし、まずはご返事とさせていただきます。
❶敬□具□

❺ 用件（断りの返事）
依頼者側に問題があるために断る場合も、それをはっきり書いては角が立ちます。「担当者に確認したが、縁故採用はない」「来年度の募集はない」など、こちら側に依頼を断らざるを得ない事情があると説明します。さらに「お役に立てず（お力になれず）申しわけない」というおわびのニュアンスを加えると、やわらかい印象の文面になります。

❻ 結び
「希望がかなう」「努力が実を結ぶ」「道が開かれる」など健闘を祈る言葉で結びます。根拠がないのに「いずれ機会があれば」など期待を持たせる言葉を添えるのは控えます。

保証人の依頼を断る

↓親戚へ

書き出し（前文）

拝復　このたびは、ご子息さまのご就職内定とのこと、まことにおめでとうございます。また、東京での身元保証人をとのご依頼は、たいへん光栄に存じております。

主文

　ただ、本日はご辞退のお返事をしなくてはなりません。

　実は、過去に妻（夫）の父が保証人になったため長年苦労をしたことがあり、★**保証人をお引き受けしないことが、夫婦の固い約束になっているからです。**

　ほかならぬ＊＊さまのご依頼をお断りするのは、非常に心苦しいのですが、そのような次第で、どうかあしからずご容赦くださいますよう、お願い申し上げます。

結び（末文）

　ご子息さまの勤務地に住む者として、当方にできることがあればお役に立ちたいと存じます。どうかお気を悪くなさらずに■**これからもおつきあいのほどよろしくお願い申し上げます。**まずは、心苦しいお返事のみにて。

敬具

★応用

断りの理由はあくまで自分側にあるとする

相手に問題があって断るのではなく、こちらの事情を理由にすると角が立ちません。具体的には、

- **親の遺言ですのでお許しください。**
- **当方も退職間近の不安定な身ですので、分不相応と考えています。**
- **勝手ながら、保証人をお引き受けしないことを信条としております。**

■マナー

今後につなげる言葉でフォローして結ぶ

断りの返事だけでは、そっけなく、冷たい印象を与えます。依頼された件については断らざるを得ないが、そのほかのことでは協力する、これからもよろしく、と誠実に対応します。

借金の依頼を断る

✉ 👤 →友人へ

書き出し（前文）

お手紙拝見いたしました。

主文

思いがけないことで、さぞお困りのことと存じます。また、私にご依頼があるということは、よくよくのことだろうと、ご窮状のほどお察しいたします。

なんとかお力になれないものかと、家族とも相談いたしました。ただ、私どもも長女の大学進学のために大きな出費をしたばかりで、★**ご用立てするような余裕は到底ございません**。今後四年間は仕送りをする必要もあり、家計の厳しさは当面つづくという状況です。

まことにふがいない友人でございますが、■**ご期待に添えませんことを、どうかご理解くださいませ。**

結び（末文）

よい解決策が見つかりますことを陰ながらお祈りいたしまして、まずは不本意ながらお返事申し上げます。

かしこ

★応用 借金を断る理由の書き方

▼今後も関係を継続させたい相手へ

・とてもわが家で工面できる金額ではございません。

・住宅ローンに加えて、現在は子どもの教育ローンもかかえております。

▼きっぱりと断りたい相手へ

・当方も決して余裕があるわけではなく、ご要望におこたえできません。

・どなたとも、金銭の貸し借りはしないことと、心に決めております。

■マナー

借金の断りは「力になれない」おわびの気持ちで相手の立場を思いやり、お役に立てずに申しわけないという、こちらの誠意を伝えましょう。

借用の依頼を断る

友人へ

書き出し（前文）

ごていねいなお手紙をありがとうございました。そして、ご子息さまのご結婚まことにおめでとうございます。

主文

先日お見せした、娘の挙式の写真をおほめいただきましてありがとうございます。私の留袖にまで注目してくださり、面はゆい思いでおります。

その留袖をお貸しする件、申しわけないのですが、■**今回はおこたえすることがかないません**。実は、ご子息さまのご結婚と同時期に行われる姪の挙式のため、★**すでに妹に貸す約束をしてしまいました**。あいにくのタイミングで、まことに恐縮に存じます。

そのような事情ですので、お気を悪くなさらないでくださいね。

結び（末文）

ご子息さまの末永いご幸福をお祈りいたしまして、まずは不本意ながらお返事申し上げます。

かしこ

■マナー

借用の断りは「本来ならOKだが」と恐縮する

依頼側は「すてきだと思い、ぜひ自分にも使わせてほしい」「購入や、ほかから借りることが困難な貴重な品なので一時貸してほしい」という思いで借用を申し入れています。断ることで相手と気まずくならないためには、「可能ならお貸しするのだが、今回は都合が悪い」と恐縮するのが賢明です。

★応用

穏便に断るときの理由の書き方

- **こちらでも使う予定がある**
- **別の人に貸すことになっている**
- **すでに処分（売却）してしまった**
- **修理中などのため、手元にない**

宗教の勧誘を断る

✉ →友人へ

書き出し（前文）

主文

結び（末文）

拝復 お手紙と資料を、確かに受けとりました。■私どものことをお心にかけてくださいまして、ほんとうにありがたいことと感謝しております。

＊＊さまがご信仰を得てから、むずかしい病気を克服なさり、また家庭もいっそうご円満になったというお話は、なによりのことと存じます。ただ、私は元来宗教心に乏しく、現実の生活の中で、自分自身で考えて結論を出すという習慣が身についております。ですから、心のよりどころをほかに求める気持ちは起きないというのが正直な気持ちです。

＊＊さまのお考えはお考えとして尊重し、これからも親しくおつきあいをさせていただきたく存じます。ただ、このたびのお誘いに関しましては、★ご遠慮申し上げます。ご厚意を無にするようですが、あしからずご了承ください。

今後のご多幸を、心よりお祈り申し上げます。 敬具

■マナー

相手の好意に感謝しつつきっぱりと断る

気にかけてくれたことへの感謝から書き出すことで、印象がやわらぎます。宗教の勧誘は、好意にもとづくものなので、相手の考えや信仰心を否定する表現は慎みましょう。

★応用

セールスの勧誘は、家族・親族をからめて断る

親しい人からの誘いで、きっぱりと断りにくいときは、

- **夫の会社の取引先から購入しなくてはならないのです。**
- **実は、妹も同じような仕事をしていて、最近契約したばかりです。**

など、家族や親族の義理を優先する必要がある、とするのが無難です。

催促の手紙・基本ひな型

借金の返済を催促する（初回）

↓友人へ

❶頭語と結語
相手がうっかりミスということも考えられます。初回の催促はおだやかに、「拝啓」で始め、「敬具」で結ぶ通常の手紙の形式にととのえます。

書き出し（前文）

❶拝啓　❷本年も残すところあとわずかとなりましたが、❸❹その後お変わりなくお過ごしでしょうか。
さて、さっそくですが、先日私どもでご用立

❷時候のあいさつ
催促という、急を要する用件ですから簡便なものでかまいません。仕事上の催促なら「時下ますますご清栄のことと存じます」を用いるのが一般的です。

❸安否のあいさつ
相手への慶賀の気持ちをあらわす「～とお喜び申し上げます」という表現は避けます。

主文

てした件について**お尋ね申し上げます**。お約束の返金期日は＊月＊日となっておりましたが、昨＊日現在、まだ入金が確認できておりません。

お話しいたしましたように、当方も蓄えに余裕があるわけではなく、無理をして工面したものので、来月には当方の支払いの予定も迫っており、たいへん困惑しております。

結び（末文）

なにか事情があってのことと拝察しますが、早急にご確認のうえ、ご入金くださいますよう、お願い申し上げます。

敬□具□

❻ 結び

初回は、「ご確認のうえ〜をお願い（いた）します」という礼儀正しいお願いの文章で結びます。

❹ 感謝のあいさつ

用件の性質上、感謝のあいさつは省略するのが自然です。

❺ 用件（返済・入金の催促）

初回から「一刻も早く返済を」「見損なった」などの強い表現を用いると、相手が気分を害して、話し合いがうまく進まなくなることもあります。「お尋ね（ご確認）します」という問いかけモードで始めましょう。そして、相手を責めるのではなく「こちらも困る」「こちらもお金が必要」など、「こちら側」の立場で窮状を伝えると、相手も応じやすくなります。

借金の返済を催促する（2回目以降）

↓友人へ

書き出し（前文）

急啓　ご連絡をさし上げた用件はおわかりのことと存じます。お電話もつながらず、メールにも返信はなく、困り果てております。やむを得ず、■◆内容証明郵便にてご送付申し上げます。

主文

＊月＊日にお貸しした＊万円を早急にご返済ください。

＊月末までにご返済いただけるとのお話でしたが、期限を1カ月以上過ぎた現在も入金がなく、誠意あるご返答もいただいておりません。

＊月＊日までにご返済いただけない場合は、法的措置をとらざるを得ませんので、ここにお知らせ申し上げます。

結び（末文）

長年おつきあいさせていただいた＊＊さまに、このような形でお便りすることになろうとは考えませんでした。

とにかく、至急ご連絡をくださいますよう、お願い申し上げます。

草々

■マナー

感情を抑えながらもきっぱりと催促する

相手を非難しても解決の道が開かれるわけではありません。内容証明郵便を送付し、応じない場合は法的な措置を予告するのが効果的です。

◆なるほどメモ

返済・回収を実現しやすくする内容証明郵便

内容証明郵便とは、いつ、だれが、だれに、どんな内容の手紙を出したかなどを、郵便局が証明する有料のサービスです。法的拘束力はありませんが、相手に心理的圧迫を加えて、返済させやすくする効果があります。

立替金の精算を促す

↓友人へ

書き出し（前文）

■青葉が目にまぶしい季節となりましたが、お元気でご活躍のことと存じます。

主文

実は、以前私が海外に行ったとき、あなたに頼まれて購入してきたバッグのことでご連絡いたしました。きょう、銀行で記帳してみたら、私が立てかえた分の代金が、**★まだ振り込まれていないようなのです。**

品物をお送りするとき、領収証を同梱したのですが、ご確認いただけましたでしょうか。

領収証のコピーをあらためて同封いたしますので、おついでのときに私の口座（銀行名・名義・番号）にお振り込みの手続きをお願いできますでしょうか。催促がましくて恐縮ですが、どうぞよろしくおとりはからいくださいませ。

結び（末文）

季節の変わり目ですので、どうぞお体に気をつけて。またお目にかかれるのを楽しみにしています。

かしこ

■マナー

時候のあいさつから始め、おだやかに用件に入る

用件オンリーの手紙は「性急な催促」という印象を与えます。今後もおつきあいのつづく相手に対しては、簡単でも時候のあいさつから入りましょう。「用件は催促ですが、あなたに対しては平常心でのぞんでいます」という姿勢を示すことができます。

★応用

さりげなく催促したいときの書き方

- **もしやお忘れではないかと存じまして、お伺いいたします。**
- **私も忘れてしまいそうなので、覚え書きがわりにお便りいたします。**
- **来月お目にかかるときでかまいませんので、お持ちいただけますか。**

苦情の手紙・基本ひな型

騒音への苦情

→近所の住民へ

書き出し（前文）

❶突然のお手紙をお許しください。

❷❸❹お宅さまの階下203号室の＊＊と申します。直接申し上げにくいお願いがあり、お便りを届けることにいたしました。

❶ 頭語と結語

苦情の手紙は一種の事務連絡なので、頭語と結語は省いてもかまいません。用いるとすれば「前略」または「急啓」で始め、「草々」で結びます。

❷ 時候のあいさつ
❸ 安否のあいさつ
❹ 感謝のあいさつ

個人あての場合は不要で、すぐに用件に入ります。ただし、相手と面識がないときは、簡単な自己紹介を添えます。企業にあてて苦情の手紙を出すときは、「いつも貴社製品を愛用させていただいております」と、顧客であることをアピールする表現を使うとよいでしょう。

主文

❺**実は、お宅のお子さま方がいらっしゃるお部屋からの足音が、かなり響いてまいります。**ちょうど真下が、拙宅の老親の寝室でございまして、睡眠が妨げられるようなのです。

お子さまがのびやかにご成長なさっていることは喜ばしいことですし、走ってはいけないと言っても無理なことは承知しております。

ただ、カーペット類を敷くなりして、夜間だけでも足音が響かぬようご配慮いただけませんでしょうか。

結び（末文）

当方の事情による申し入れで、まことにぶしつけとは存じますが、❻**どうぞよろしくご検討ください。**

❺**用件（騒音への苦情）**

苦情の手紙では次の3点が重要です。

1．冷静な表現で「お願い」する

感情的になると、相手の態度を硬化させ、しこりを残します。

2．相手の状況に理解を示す

相手にも事情があるのだろうと同調する姿勢が必要です。

3．解決策を提案する

「いっさいNG」という苦情は反感を買います。ある程度譲歩して「落としどころ」となる策を提案します。

❻**結び**

「ご検討ください」「お願いします」など、ソフトな表現で結びます。

ペットに関する苦情

↓マンションの管理人へ

書き出し（前文）

いつもお世話になっております。101号室の＊＊です。

◆管理人さんがいらっしゃる時間帯には、当方が仕事で不在のため、失礼ながら手紙にてご相談させていただきます。

主文〜結び（末文）

ご相談と申しますのは、ペットの飼育に関してのことです。ご存じのように、このマンションでは「エレベーター内では、ペットは抱きかかえるかキャリーケースに入れる」という決まりになっています。ところが、実際にはこの規則を守らない居住者が多く、そのまま乗せているのをよく見かけますし、排泄のにおいが残っていることもあります。

お手数ではございますが、ご調査のうえ、居住者へのルール順守の徹底と、ペット臭対策をご検討いただけますでしょうか。なお、今後のおつきあいのこともありますので、

■当方からの申し出であることは伏せていただきたく、重ねてお願い申し上げます。

◆なるほどメモ　先方に直接抗議せず第三者を通す方法も

近隣とのトラブルの場合、マンションなら管理人（管理会社）や自治会の役員へ、一戸建てなら町内会の役員などへ相談するのも一法です。「なんとかしてくれ」ではなく、こちらから改善案を示すと、相手も動きやすいものです。

■マナー　匿名ではなく、記名のうえ名前を伏せてもらう

管理人という実体のある相手に相談するなら、自分もきちんと名乗って行うのが原則であり、管理人側も対応しやすくなります。そのうえで、「こちらの名前は伏せておいてほしい」とお願いするのがよいでしょう。

個人情報に関する苦情

→子どもの学校の担任へ

書き出し（前文）

＊＊＊＊の父（母）でございます。いつもたいへんお世話になっております。

本日は、＊＊のクラスメート＊＊さんの◆SNSに、娘の画像が掲載されている件についてご相談申し上げます。

■当該の画像を印刷したものを同封いたしますので、ご参照ください。

主文〜結び（末文）

＊＊さんに悪意はないと考えておりますが、学校から配布された「個人情報についてのガイドライン」に抵触するのではないかと存じます。また、娘には無断で掲載されており、今後、広く流出するようなことがあれば、思わぬトラブルも起こりうるのではないかと危惧しております。

つきましては、先生から＊＊さんに、画像の削除とSNS使用法の指導を徹底していただきたいのです。ご多忙とは存じますが、どうぞよろしくお願いいたします。

◆なるほどメモ

未成年のSNS使用に関するトラブル急増

SNS（ソーシャル・ネットワーキング・サービス＝LINEやツイッター、ブログなどインターネットを介して社会的なつながりを提供するもの）の中に、名前、学校名などがあると、写真だけで個人が特定されることがあり危険です。本人だけでなく家族も注意する必要があります。

■マナー

苦情の根拠をはっきりと示す

相手が未成年の場合は、教師など信頼できる大人を介して指導してもらうのが原則です。学校の資料や実際の画像など、明確な判断基準や証拠を示すと、説得力が大きく増します。

おわびの手紙・基本ひな型

迷惑をかけたおわび

↓近所の住民へ

❶ 頭語と結語
玄関ポストに入れる場合、頭語・結語などの形式をととのえる必要はありません。呼びかけ→自分の名乗り、の順に始めるとよいでしょう。

書き出し（前文）

❶ ＊＊さま　303号室の＊＊でございます。

❷❸❹ このたびはたいへんご迷惑をおかけいたしまして、まことに申しわけありませんでした。

❷ 時候のあいさつ
❸ 安否のあいさつ
❹ 感謝のあいさつ
伝えたいのは、謝罪の気持ちです。❶〜❹は省き、率直なおわびの言葉から書き始めます。なお、手紙では、
○心よりおわび申し上げます。
○（まことに）申しわけありません。
のどちらかを用いるのが一般的で、「ごめんなさい」「すみません」では心からの謝罪が伝わりません。

主文

❺ **以前から、**子どもたちが騒がしいことは気にしておりましたが、ご忠告いただかないのをいいことに、日々を過ごしておりました。

子ども部屋に二段ベッドがあり、最近は上段から飛び降りる遊びをしておりましたので、特にその音が響いたものと思われます。

さっそく、ベッドを分け、子どもたちにもよく言い聞かせました。とはいえ、聞き分けのない年齢ですので、今後もご不快な思いをさせることがあるかもしれません。そのようなときは、いつでもご連絡ください。

結び（末文）

❻ **お知らせいただきましたことに、心より感謝申し上げます。**至らぬ私どもではございますが、どうか今後ともよろしくお願いいたします。

❺ 用件（おわびと改善策）

謝罪の言葉→事情の説明→反省の言葉→改善策の提示　の順に書き進めます。

「自分は悪くない」「この程度で迷惑に感じるのか」と思う場合、直接的な謝罪でなくても「ご不快な思いをさせて申しわけありませんでした」と相手の気持ちに寄り添う表現を使えば、相手の姿勢もやわらぎます。

❻ 結び

苦情を言うのは勇気ある行為です。「ご忠告を受けてありがたかった」とフレンドリーに結びましょう。

借金の返済が遅れたおわび

✉ 👥 → 融資者へ

書き出し（前文）

■お手紙を拝見し、身のすくむ思いでおります。厚かましいお願いに快くおこたえいただきましたのに、期日までにご返済することができず、ほんとうに申しわけなく存じております。

主文

本日は、返済にいましばらくのご猶予をいただきたく、ご連絡いたしました。実は、返済にあてる予定だったボーナスが、会社の業績悪化のために遅配となりました。来月末には支給されるとのことで、それまでお待ちくださいますよう、重ねてお願い申し上げます。

お約束を守れなかったことに加え、ご連絡をいただいて初めて事情を説明するという不実、**★心よりおわび申し上げます。弁解の余地もございません。**

結び（末文）

来月末には、なにをおいてもご返済申し上げます。どうぞお許しくださいますよう、伏してお願い申し上げます。

■マナー すみやかに、率直におわびするのが誠意

返済期日を守れないのは、それなりの理由があることでしょう。しかし、長々しい事情説明は言いわけがましく、よい印象を与えません。まず冒頭でおわびし、理由や事情はその後簡潔に加えるにとどめます。

★応用 自分の非を認め謝罪する表現

- おわびの言葉もございません。
- おわびの申し上げようもございません。
- 申し開きのできないことでございます。
- いくえにもおわび申し上げます。
- お怒りはごもっともでございます。

借りたものの返却が遅れたおわび

→親しい友人へ

書き出し（前文）

ご連絡を受けて、冷や汗が出ました。
不覚にも◆失念しておりました。■まことに申しわけありません！

主文

＊＊さんのおすすめの本だけあって、たいへんにおもしろく、お借りした日に、一気に読み終えてしまいました。次にお目にかかったときにお返ししようと、紙袋に入れて本棚にさし込んでしまったのが致命的なミスでした。そのますますっかり忘却のかなたへと消え去り、今日に至ったのです。

加齢現象、などと冗談にしてはいけない、私の過失です。あらためて、心よりおわび申し上げます。

結び（末文）

気持ちばかりですが、おわびのしるしとともに、本を返送させていただきます。どうかこれからも、お見捨てなくおつきあいのほどをよろしくお願いいたします。

◆なるほどメモ

うっかり忘れは「失念」と言いかえる

「うっかり忘れていました」では、幼い印象を与え、ビジネスシーンでは信頼感も失われてしまいます。同じ意味ですが「(不覚にも／うかつにも／不注意で）失念しておりました」とするのが正解。ちなみに「失念」はもともと仏教用語で、心を散乱させる煩悩のこと。転じて「気づきを失った心」という意味になりました。

■マナー

軽いおわびのときも謝罪はきちんと行う

日常生活の中での軽いミスでも「悪い！」「ごめん！」などの謝り方では誠意が疑われます。「申しわけない」ときちんと謝罪しましょう。

苦情を受けてのおわび（ビジネス）

（店主）→顧客へ

書き出し（前文）

拝復　時下ますますご清栄のことと存じます。
いつも当店をご利用いただきまして、まことにありがとうございます。また、■このたびはたいへんご不快な思いをさせてしまい、心よりおわび申し上げます。

主文

さっそく店内で調査いたしましたところ、ご指摘を受けたスタッフは、採用したばかりの者でした。とはいえ、不慣れだからと許されるものではなく、ひとえに私の監督不行き届きによるものと、責任を痛感しております。今後は、このようなことのないよう、従業員教育の徹底をはかり、お客さまにご満足いただけるよう努力する所存です。

結び（末文）

まことに勝手なお願いではございますが、★今回に限りご寛恕いただき、今後ともご愛顧賜りますよう、衷心よりお願い申し上げます。
まずは書中にておわび申し上げます。

敬具

■マナー **ビジネス上のおわびは迅速な対応が大事**

苦情・クレームを受けたら、遅くとも翌日には対応したいものです。苦情内容にかかわらず、書き出しは「このたびはご不快な思いをさせて（ご迷惑をおかけして）申しわけありませんでした」とします。

★応用 **許しを求める表現**

「なにとぞ、今回に限り～（ますようお願い申し上げます）」と使います。

- **ご容赦ください**
- **ご寛恕《かんじょ》ください**
- **ご海容《かいよう》ください**

※「寛恕」「海容」は、ともに寛大な心で許すという意味です。

苦情を受けてのおわび（プライベート）

→ご近所へ

書き出し（前文）

このたびは、ご迷惑をおかけいたしまして、ほんとうに申しわけありませんでした。■さっそくおわびのごあいさつに伺ったのですが、ご不在のようでしたので、手紙を届けさせていただきます。

主文

◆ご指摘いただきましたピアノ音につきましては、ご不快な思いをさせていることに気づかず、深く反省しております。さっそく防音シートを設置し、音を軽減する措置をとりました。また、ご提案いただきました通り、夜10時以降は使用しないことをお約束いたします。

なお、おわびのため持参した粗品を、別便にてお送り申し上げましたので、ご受納くださいますようお願い申し上げます。今後もお気づきの点があれば、なんなりとご連絡くださいますよう、お願い申し上げます。

結び（末文）

まずは書中にて心よりおわび申し上げます。

■マナー

直接苦情を言われたときはおわびに伺うのが自然

連絡手段の正式度は、直接話す→手紙→電話→メール、の順です。相手と直接話せる状況なら、おわびに伺うことを優先し、無理なら手紙を書くのが礼儀にかなった方法です。

◆なるほどメモ

ご近所トラブルは「先手必勝」で防ぐ

集合住宅でのトラブルの最大原因は騒音です。子どもがいる、楽器を使う、オーディオが趣味などの場合は、入居時に「ご迷惑をおかけするかもしれませんが、よろしくお願いします」とあいさつすることで、その後のコミュニケーションがうまくいく場合も多いものです。

子どもの不始末のおわび

↓子どもの友人の親へ

書き出し（前文）

昨日は、■息子がたいへんご迷惑をおかけいたしました。深くおわび申し上げます。

主文

その後、ご子息さまのおけがのご様子はいかがでしょうか。担任の先生から連絡を受け、急いで病院へ駆けつけたのですが、すでにご帰宅のあとでした。お取り込み中と存じまして、ご自宅に伺うのは控えさせていただきました。

そばにいらした先生によりますと、偶発的な事故とのことでしたが、ご子息さまにおけがをさせたことを本人もいたく反省しております。親といたしましても、日ごろからもっと厳しく指導していればと猛省しております。

後日あらためて本人を連れてお見舞いに伺いまして、▲治療費のことなどもご相談させていただきたく存じますので、どうぞよろしくお願いいたします。

結び（末文）

本日は、まずは書中にておわび申し上げます。

■マナー

本人の反省を伝え、親の立場でも謝罪する

自分に非がないと、他人事のような表現を使ってしまいがち。保護者・管理者としての責任を認め、反省する言葉を添えると、おわびする心が伝わる文面になります。

▲注意点

治療費負担や損害賠償を安易に申し出ない

けがをさせたら治療費、物を壊したら弁償や修理代の負担を申し出て、話し合いのうえ解決できればベストです。しかし、相手によってはトラブルにつながることもあります。状況がはっきりしない段階では、費用負担やお見舞い金、示談などの話を持ち出さないのが賢明です。

会合をドタキャンしたおわび

→会合の主催者へ

書き出し（前文）

拝啓　時下ますますご清祥のことと存じます。

先日の会合では、当日になって急遽欠席することになり、たいへんご迷惑をおかけいたしました。■まことに申しわけありませんでした。

主文

皆さまが長い時間をかけて準備なさっていたことを存じておりますし、私自身も参加するのを楽しみにしていただけに、残念な気持ちでいっぱいです。

なお、◆**会費負担は当然のことと存じます。**昨日、ご指定の口座に振り込ませていただきましたので、ご確認のほどよろしくお願い申し上げます。

このたびは不如意な次第となりましたが、今後とも変わらぬおつきあいのほどをお願いいたします。

結び（末文）

まずは書中にておわびとご連絡を申し上げます。

敬具

■マナー

自筆のおわび状で誠意が伝わる

会合の内容によっては、メールで連絡してもOKです。しかし、あえて手紙やはがきを出すことで、心からのおわびの気持ちが伝わります。

◆なるほどメモ

請求がなくてもドタキャンなら会費負担

出席の返事後に出られなくなった場合は、会費負担を申し出ます。「＊月＊日以降のキャンセルは会費が必要」というただし書きの期日前でも、一応確認するとていねいです。主催者がいちばん困るのは、ドタキャン＋会費未払いです。相手の立場を考えたふるまいが、ドタキャンというマイナスをプラスに転じさせます。

書きにくい用件をソフトに伝えるクッション言葉

ストレートに書いてしまうときつくなりがちな表現の衝撃を、クッションのようにやわらげてくれる言葉です。手紙に限らず、会話やメールでも意識して使うことで、円滑にコミュニケーションをとることができます。

用件	クッション言葉【用例】
お願いする	**恐れ入りますが**【ご返答をお願いいたします】 **差し支えなければ**【教えていただけませんでしょうか】 **お手数をおかけいたしますが**【ご送付をお願いします】 **ご多忙中とは存じますが**【ご出席のほどよろしくお願いします】 **厚かましいお願いですが**【ご検討ください】 **突然のお願いで恐縮ですが**【なにとぞお聞き届けください】 **勝手を申しますが**【ご都合をつけていただけませんか】 **ご足労をおかけいたしますが**【お届けくださいますか】
断る	**あいにくですが**【先約が入っております】 **せっかくですが**【今回はご遠慮申し上げます】 **ご意向に添えず**【心苦しく存じます】 **残念ながら**【このたびは見送らせていただきます】 **ありがたいお話とは存じますが**【ご辞退申し上げます】
催促する 苦情を言う	**申し上げにくいのですが**【入金がまだのようです】 **せかすようで申しわけありませんが**【ご返答をお待ちしております】 **催促がましくて恐縮ですが**【ご確認をお願いいたします】 **なにかの手違いかと存じますが**【まだ到着しておりません】

Part 5

こころのかたち 3

相手の心に寄り添うお見舞いとお悔やみの手紙

コロナ禍のいま、多くの病院ではお見舞いでの面会が中止され、葬儀も近親者だけで営むことが多くなっています。
お見舞いやお悔やみの金品を送るときは、手紙を添えることで、
心からの慰めの気持ちを伝えましょう。

お見舞いの手紙・基本ひな型

病気入院のお見舞い（コロナ禍で面会禁止）

→知人男性へ

書き出し（前文）

❶前略　❷❸❹ご入院なさったと伺いまして、たいへんに驚いております。
❺手術は成功したとのことで、ひとまず安心い

❶ 頭語と結語
とるものもとりあえず出す手紙です。前文を省いて「前略」で書き始めて「草々」で結ぶか、「冠省」で始めて「不一」で結びます。

❷ 時候のあいさつ
お見舞いの手紙では省略するのが一般的です。ただ、長期療養中の方にあてては「日ざしが春めいてまいりました」など、気分を引き立てるような季節のあいさつから始めてもよいでしょう。

❸ 安否のあいさつ
安否（状況）を尋ねるのが目的ですから、冒頭のあいさつは省きます。

主文

たしましたが、その後の経過はいかがかとお伺い申し上げます。

日ごろから、たいへんご多忙なお仕事をお持ちですので、お疲れがたまっていたのではないかと案じております。

奥さまをはじめ、ご家族さまのご心配もいかばかりかと存じます。お疲れが出ませぬよう、どうぞご自愛ください。

さっそく病院に参上したいところですが、時節柄、それもかないません。お気がかりなこともあろうかと存じますが、当面はご静養を専一になさってください。

結び(末文)

❻一日も早いご本復をお祈り申し上げまして、まずは書中にてお伺い申し上げます。

❶草々□

❹感謝のあいさつ

省略して、すぐに用件に入ります。

❺用件(お見舞い)

入院見舞い、災害見舞いを問わず、

A 災厄を知った驚き

B 心配している気持ち

C 相手の状況を思いやる気持ち

の順に書き進めます。

❻結び

コロナ禍での入院・被災生活は、不安が尽きません。しかし、あえて心配事にはくわしくふれず、前向きに回復・復興を願う言葉だけで結びましょう。

災害（地震）見舞い

↓友人・親戚へ

書き出し（前文）

■御地で大きな地震が発生し、甚大な被害が出ているとのこと、たいへんに心配しております。

主文

＊＊さまにお聞きしたところ、ご自宅が半壊のご被害にあわれたそうで、謹んでお見舞い申し上げます。

ただ、ご家族の皆さまにおけががなく無事であると伺いまして、わがことのように安心いたしました。

しばらくはご不便な生活を余儀なくされるとのことで、落ち着かない毎日をお過ごしのことと拝察しております。なにか当方にできることがありましたら、なんなりとお申しつけください。

当座、必要なものがわかりかねまして、失礼とは存じますが、気持ちばかりのお見舞いを同封させていただきましたのでお納めください。

結び（末文）

まずはとり急ぎお見舞い申し上げます。◆返信は不要です。

■マナー

電話や携帯メールより手紙かPCメールで

被害を受け、あと片づけに追われている相手を、電話口まで呼び出すのは迷惑です。また、災害後は電話がつながりにくく、携帯やスマホの充電もままならないため、メール受信も歓迎されません。相手の家が無事とわかっているならPCメールでもOKですが、状況が把握できないときは手紙やはがきがベストです。

◆なるほどメモ

「返信は不要（急ぎません）」のひと言を

お見舞いが、相手にとって「早く返信しなくては」という負担になっては本末転倒です。末文で「返信は不急」であると伝えましょう。

災害（近火）見舞い

↓ 友人・親戚へ

書き出し（前文）

このたびは、ご近所で火災が発生し、ご自宅のすぐ近くにまで炎が及んできたとのこと、本日＊＊さんから伺いました。

主文

幸いにも類焼は免れたとのお知らせに安堵しましたが、家財道具も一部運び出されたそうですね。■**思いがけない災厄に、さぞ驚かれ、不安なお気持ちだったことでしょう。**

心よりお見舞い申し上げます。

おとり込み中と存じまして、ご自宅に伺うのはあえてさし控えさせていただきます。

必要な品がわかりかねまして、失礼とは存じますが心ばかりの▲**お見舞いを同封いたします**のでお納めください。

結び（末文）

しばらくは落ち着かず、お忙しい日々がつづくことでしょうが、どうぞくれぐれもご自愛ください。

かしこ

■マナー

相手の不安にそっと寄り添う文章で

地域の災害、近隣の火災などがあった場合、相手に直接的な実害はなくても、不安という精神的被害を受けています。そうした心情を思いやり、力づける文面にととのえましょう。

▲注意点

火事見舞いに赤帯入りの袋は避けて

見舞金を送るとき、左のような赤帯入りの袋を用いることがあります。ただ、火災見舞いの場合は、火を連想させる「赤」を避け、白封筒を使いましょう。

入院（交通事故）見舞い

→知人へ

書き出し（前文）

急啓　事故にあわれてご入院と伺い、驚いてペンをとりました。

主文

その後おかげんはいかがでしょうか。

＊＊さんから事の経緯を聞きましたが、■**たいへんな大事故に巻き込まれたそうですね。**

軽々しいことは申せませんが、運転のじょうずなあなただからこそ、▲**大きなけがを回避できたのではないかとも感じております。**

お仕事のことなど、気がかりも多いでしょうが、どうか治療に専念して、一日も早くご快癒なさいますことをお祈りしております。

結び（末文）

時節柄、病院に伺うのはさし控えさせていただきますが、本日はまずは書中にてお見舞い申し上げます。

くれぐれもお大事になさってください。

草々

■マナー

事故原因にはふれないのが賢明

相手が加害者の場合、原因や過失にはふれず、回復を祈る言葉に終始します。被害者の場合も、事故の詳細を知らないときは、原因への言及や、加害者を責める表現は慎みます。

▲注意点

「不幸中の幸い」は被害者側の表現

大事故なのに軽傷ですんだときなど「不幸中の幸い（不幸の中でなぐさめとなるような幸運）」「せめてもの救い」と書きたくなります。しかし、見舞う側が「幸運」「救い」と決めつけるのは僭越《せんえつ》です。これらの表現は、被害者側が、見舞う側を安心させるために用いる表現です。

介護見舞い

↓ 親を自宅介護する友人・親戚へ

書き出し（前文） 主文 結び（末文）

朝夕は、いくぶん過ごしやすくなってきましたね。

このたびは、お母さまのご退院おめでとうございます。

＊＊さんがお仕事をやめ、お母さまをご自宅でお世話することにしたと伺いまして、頭の下がる思いでおります。たいへんに勇気のいるご決断だったと存じますが、＊＊さんの親身なご介護を受けて、お母さまもさぞご安心なさっていることでしょう。心穏やかな日々をご自宅で過ごせるのは、幸せなことですね。

ただ、やさしい＊＊さんのことですから、お一人ですべて抱え込んでしまわないか、少し心配しています。私は、車の運転はいといませんので、◆▲**病院への送迎や買い物など、できることがありましたら、**どうぞご遠慮なくお申しつけくださいね。

ほんとうに、ご連絡をお待ちしております。

かしこ

◆なるほどメモ

力になりたいなら具体的に提案

「私にできることがあれば連絡を」と書くことで、相手の心に寄り添うことができます。親しい間柄ならさらに「＊＊ならできます」「いっしょに＊＊しませんか」と具体的に提案してみましょう。見舞いを受ける側には、親身になって心配してくれる存在が、なによりの支えになります。

▲注意点

コロナ禍での訪問は歓迎されないことも

自宅介護は、介護者の精神的・時間的負担が大きくなります。そこへ、来訪すると、さらに気をつかわせてしまいます。介護者をねぎらうなら、自宅の外へ連れ出すのも一法です。

お見舞いへのお礼・基本ひな型

病気入院のお見舞いを受けたお礼

→お見舞いをいただいた方へ

書き出し（前文）

拝啓　**新緑の候となりましたが、皆さまにはいよいよご清祥のこととお喜び申し上げます。**

さて、このたびの私の入院に際しましては、

❶ **頭語と結語**

お見舞いをいただいた方が多数の場合は、印刷やコピーしたお礼状でもかまいません。その場合は、万人に向く「拝啓」「敬具」を使います。

❷ **時候のあいさつ**

入院という非常時から、平常時に戻ったことをあらわすためにも、時候のあいさつから書き始めます。なるべく明るいイメージの言葉を選びましょう。

❸ **安否のあいさつ**

自分の安否（回復して退院）を伝える手紙ですから、相手の安否に関するあいさつを必ず添えます。

主文

❺ ごていねいなお見舞いをいただき、まことにありがとうございました。❹

おかげさまで、＊月＊日に無事退院をいたしました。来月からは、職場にも復帰する予定でございます。

今後は、皆さまにご心配やご迷惑をおかけすることのないよう、体調管理にいっそう努めてまいりますので、変わらぬご厚誼のほどをどうぞよろしくお願い申し上げます。

本日は、入院中に賜りましたご厚情への感謝のしるしに、心ばかりの快気内祝いをお届けいたしますので、どうぞご受納ください。

結び（末文）

❻ まずは略儀ながら書中をもちまして御礼申し上げます。

❶ 敬□具□

❹ **感謝のあいさつ**
手紙の目的が「感謝」なので、冒頭のあいさつからは省きます。

❺ **用件（お見舞いへのお礼）**
「ごていねいなお見舞いをいただき」というフレーズは、病院に来たかどうかにかかわらず使える便利表現です。回復の報告・今後の見通し・健康管理への思いの順に書き、最後に、内祝い品の送付についてふれます。

❻ **結び**
お礼の言葉を繰り返して、ていねいに結びます。

災害見舞いへのお礼

→お見舞いをいただいた方へ

書き出し（前文）

先日の＊＊沖地震に際しましては■★さっそくごていねいなお見舞いをいただき、まことにありがとうございました。

主文

突然のことで、しばらくは不安な日々を過ごしておりましたが、家屋の復旧作業もようやく一段落して、ほぼ元どおりの生活をとり戻しております。

少なからぬ被害を受けたことは事実ですが、家族全員が無事でいることのありがたさや、あたりまえのように使っていた電気と水のたいせつさを、あらためて思い知りました。さらに、皆さまからのご心配や激励が、どれほど力強く感じられたかわかりません。少々オーバーに申せば、人生において大事なものは何かを、このたびの地震から教わったような気がしております。

結び（末文）

皆さまのあたたかいお気持ちに心から感謝し、御礼のごあいさつとさせていただきます。

■マナー

災害見舞いへの内祝い（返礼品）は不要

入院見舞いの場合は、退院後、内祝い品とお礼状を送るのが一般的です。しかし、災害見舞いは復旧の一助にと贈られるものなので、品物でのお返しは不要です。落ち着いたら、報告を兼ねてお礼状を出します。

★応用

お見舞いの内容による別の言い回し

- 当地では入手しにくい品をいち早くお送りいただき、ほんとうに助かりました。
- お心のこもったお手紙に励まされ、元気をとり戻したように思います。
- いただいたご厚志は、有効に使わせていただきました。（現金の場合）

お見舞いをいただいたあとで亡くなったときのお礼

→お見舞いをいただいた方へ

書き出し（前文）

謹啓　亡父＊＊＊の病気療養中には、ごていねいなお見舞いをいただき、ご厚情のほどまことにありがたく存じております。

主文

残念ながら、薬石効なく、また皆さまからのお励ましにこたえることもかなわず、＊月＊日に父は永眠いたしました。

ご多用中にもかかわらず葬儀にご参列いただきましたこと、さらには生前ご交誼いただきましたことを、故人になりかわりまして、あらためて心より御礼を申し上げます。

別便の通り、先日七七日法要を無事にとり行いました。節目にあたりまして、■◆**心ばかりの御礼のしるしをお届け申し上げますので、**ご受納くださいますようお願い申し上げます。

結び（末文）

まずは略儀ではございますが、書中をもちまして御礼を申し上げます。

謹白

■マナー

香典返しとは別にお礼するのが一般的

お見舞いをいただいたのち、不幸にして亡くなることもあります。内祝に相当する額を、香典返しに上乗せする方法もありますが、相手に意図が伝わりにくいため、別に返礼品を送るのが原則です。

◆なるほどメモ

状況に応じた返礼品の表書き

入院の場合（災害は返礼不要）

快気（之）内祝……基本

退院（之）内祝……退院したが完治ではなく療養がつづく場合に

御見舞御礼……退院内祝と同義、また文例のように亡くなった場合に

生前見舞志……亡くなった場合に

お悔やみの手紙・基本ひな型

香典に同封するお悔やみの手紙（コロナ禍で家族葬）

→知人へ

❶頭語と結語
とるものもとりあえず書く手紙なので省きます。結語も不要ですが、仏式葬儀の場合は結語の位置に「合掌」と書くこともあります。

❷時候のあいさつ
❸安否のあいさつ
❹感謝のあいさつ
急いで書く手紙なので前文は省き、驚きや悲しみの気持ちを率直にあらわす言葉から書き始めましょう。
相手の親が亡くなった場合、一般的には「お父（上）さま」「お母（上）さま」としますが、目上の相手への手紙や弔電を打つ場合には、より格の高い「ご尊父さま」「ご母堂さま」を用います。

書き出し（前文）

❶❷❸❹
お母上さまご逝去のお知らせを受け、たいへんに驚いております。
入院加療中であることは伺っておりました

主文

が、きっとご回復なさるものと信じておりました。ご家族さまのご傷心はいかばかりかと、謹んでお悔やみを申し上げます。

⑤**近年はお目にかかる機会がありませんでしたが、お菓子作りがお得意で、いつも笑顔を絶やさなかったやさしい面影を思い出しております。**

ご家族でお見送りになると承りましたので、弔問は控えさせていただき、こちらで手を合わせることにさせていただきます。

ささやかながら、同封のものをご霊前にお供えくださいますようお願い申し上げます。

結び（末文）

ご家族の皆さまは深い悲しみの中にあることと拝察いたしますが、どうぞご自愛ください。

⑥**心よりご冥福をお祈りいたします。**

⑤用件（お悔やみと香典の送付について）

お悔やみの言葉は「＊＊さまのご逝去を悼み、心よりお悔やみ申し上げます」が定番的に使われます。ただ、オーソドックスな文章だと、礼節は保てますが、悲しみがストレートには伝わりません。故人と面識がある場合は、具体的な思い出にふれるなどして、偲ぶ気持ちをあらわします。

⑥結び

「心よりご冥福をお祈りいたします」または「心より哀悼の意を表します」で結ぶのが基本です。

香典とともに手紙を送るとき

不祝儀袋
現金書留用封筒に入る小さめのサイズ（幅13×高さ20㎝以内）。印刷の水引の略式タイプでOK。

お悔やみ状と香典をいっしょに「現金書留」で送る

①→⑤の順に準備すると効率的です。

①不祝儀袋（俗にいう香典袋）を準備する
※表書きは、仏式葬儀なら「御香奠」が宗派を問わず使える（「御霊前」はNGとする宗派もある）。
※神式葬儀なら「玉串料」、キリスト教式葬儀なら「お花料」とするのが一般的。
②①に香典の紙幣を入れる
③お悔やみ状を書く
④郵便局で、現金書留専用の封筒を購入する
⑤封筒に②③を入れて封をし、窓口で所定の郵便料金を支払う

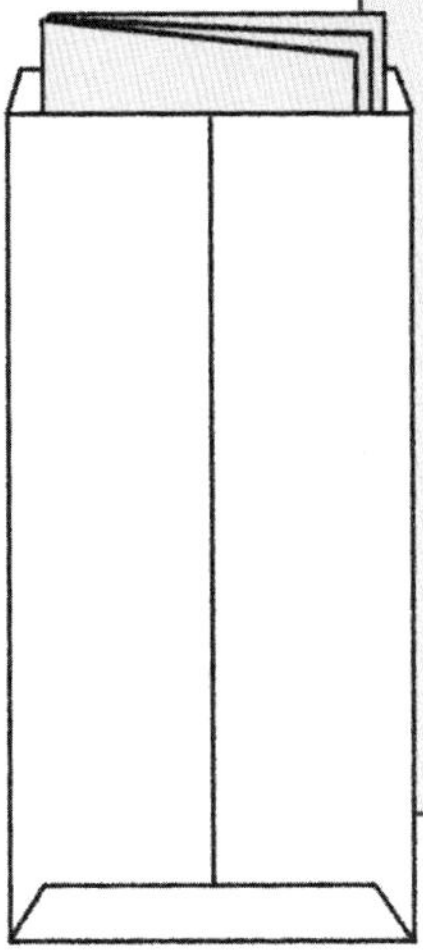

お悔やみ状

裏つき（二重）の封筒は、不幸が「重なる」ことを連想させるため使わない。

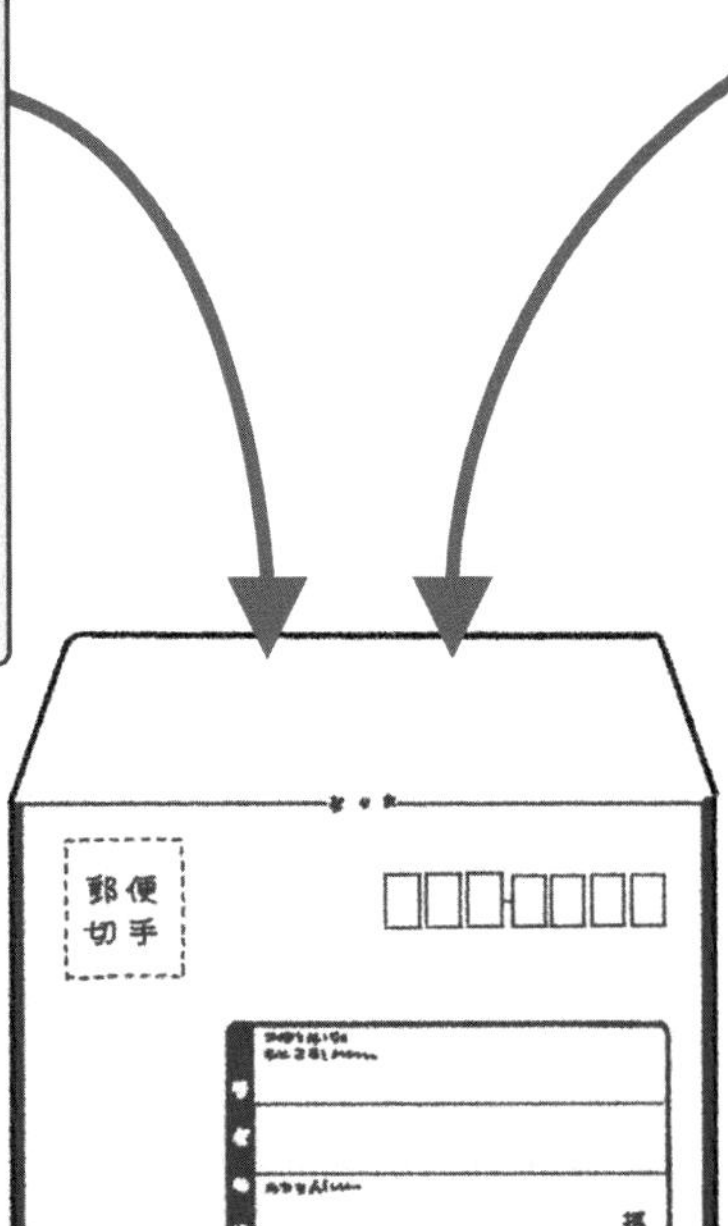

現金書留封筒

不祝儀袋が入る「大型」を購入（1枚21円）。一般郵便や宅配便で現金を送ることは、郵便法で禁じられている。

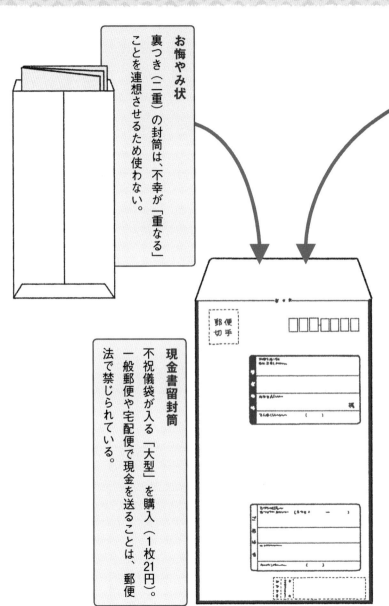

災害や事故で亡くなったときのお悔やみ状

↓知人男性へ

書き出し（前文）

このたびの＊＊豪雨により、奥さまが犠牲になられたことを知り、いまだに信じられない思いでおります。

主文

なぜ、よりによって奥さまが、という不条理に、やり場のない怒りを覚え、▲**ほんとうに残念でなりません。**

＊＊さまのご無念を思うと、お慰めの言葉も見つかりません。ただ、ご悲嘆のあまり、＊＊さまのご健康に障りがあっては、奥さまもお悲しみになることでしょう。どうか、強い心で現実を乗り越えてくださることを願うばかりです。

お参りをさせていただきたいのですが、当方も家をあけることができず、まことに心苦しい限りです。

お悔やみの気持ちにかえ、心ばかり同封させていただきます。奥さまのご霊前にお供えくださいますよう、お願い申し上げます。

結び（末文）

謹んで奥さまの安らかな眠りをお祈りいたします。

▲注意点

お悔やみ状では特に忌み言葉に注意する

忌み言葉とは、一般に使われる日本語表現ではあるものの、弔事や慶事の際には縁起が悪いとされ、嫌われる語のことです。

お悔やみ状では、次のような×表現は避け、○表現に書きかえます。

《繰り返しを連想させる言葉》

×**返す返すも残念です。**

○**ほんとうに残念でなりません。**

×**くれぐれもおからだをお大事に**

○**どうぞ、おからだをお大事に**

《死を直接的にあらわす言葉》

×**お母さまがご死去とのこと**

○**お母さまがご逝去とのこと**

×**ご遺族のお悲しみはいかばかりか**

○**ご家族のお悲しみはいかばかりか**

家族葬で弔問を控えたときのお悔やみ状

↓知人へ

書き出し（前文）

お母さまがご逝去なさったと伺いました。心よりお悔やみを申し上げます。私どもは、お母さまが生前ご活動なさっていたコーラスサークルの者です。

主文

ご家族だけでご葬儀をなさり、ご自宅への弔問もご辞退なさるとのことで、■**伺うのは控えさせていただきました。**

▲**お母さまらしい潔い旅立ちですね。**私どもも、皆お母さまと同年代で、老いの旅支度に頭を悩ませておりますが、このたびのお母さまのご決断に、大事なことを学ばせていただいたような気がしております。

ささやかながら、サークル仲間一同からの気持ちを同封させていただきますので、ご霊前にお供えくださいませ。

これまで長年のご厚誼に深く感謝いたしております。

結び（末文）

謹んでお母さまのご冥福をお祈りいたします。

コーラスサークル＊＊一同より

■マナー

コロナ禍の現在は弔問にも配慮を

広い範囲に知らせず、近親者のみで見送る家族葬（小規模葬）がふえています。遺族は、知らせた範囲の人数で葬儀の準備を進めていますから、「近親者で見送る」という断りとともに訃報を受けたときは、あえて伺わないのが現代のマナーです。

▲注意点

「参列できず残念」というネガティブな表現は慎んで

参列を控えた側は「最後のお別れをきちんとしたかった」という思いが残ることでしょう。しかし、残念な気持ちをそのままあらわすことは控え、故人または遺族の意向を尊重して文面をととのえます。

若くして亡くなったときのお悔やみ状

↓友人女性へ

書き出し（前文）
主文
結び（末文）

突然の悲しいお知らせに、◆言葉を失いました。

愛するあなたやお子さまを残して、急に遠いところへ旅立たざるを得なくなったご主人さまは、さぞお心残りだったことでしょう。そして、あなたやご家族がどれほど深い悲しみと落胆の中にいらっしゃるかと思うと、ほんとうに心が痛みます。

▲元気を出して、などという安易なお慰めの言葉は、とてもおかけすることができません。けれど、将来のあるお子さまがたのために、なんとかお気持ちを強く持ってください。遠方におりまして伺うこともできず、何の力にもなれない自分を、たいへん歯がゆく感じております。

心ばかりのものを同封いたします。ご霊前にお供えくださいますようお願いいたします。

お体を、どうぞおいといくださいませ。

かしこ

◆なるほどメモ

整然としたお悔やみより「言葉になりません」

急逝、早逝の場合は、相手も心の準備ができておらず、ショックと悲しみもひとしおです。そんなときには、「心よりお悔やみを申し上げます」などのきちんとした文章ではなく、「言葉にならない（できない）」「言葉が見つからない」とするほうが、相手の心に届く表現になります。

▲注意点

「元気を出して」「がんばって」は逆効果

悲しみの中にいる方に、立ち直れと声をかけるのは無理があります。どうしても励ましの言葉をかけたいのなら、「お気持ちはお察しします」とするのがよいでしょう。

不幸をあとになって知ったときのお悔やみ状

→ 友人女性へ

書き出し（前文）

本日、欠礼のごあいさつ状をいただきました。

主文

お父さまが六月にお亡くなりになったとのこと、◆何も存じませんで、たいへん失礼いたしました。

おだやかでやさしいお父さまでしたね。

幼いころ、お宅へ遊びに行って、帰りが遅くなったとき、お父さまに車で送っていただいたことなどを、静かに思い出しております。

お寂しい年の暮れとなりましたが、いままでに過ぎた時間が、少しでもご家族のお慰めの助けになっていればよいけれど、と祈っております。

十二月の月命日に向けて、■小さなお花をお送りしましたのでお供えください。ほんとうに気持ちばかりですので、お気づかいなくお受けとりくださいますように。

結び（末文）

寒さが厳しい毎日です。どうぞご自愛くださいませ。

◆なるほどメモ

非礼をわびる表現を添えると好印象

訃報が届かなかったわけですから、お悔やみが遅れたことに落ち度はありません。しかし「存じませんで失礼しました」とおわびのニュアンスを加えると、やさしさを感じさせるやわらかい文面になります。

■マナー

香典や供物は必ずしも送らなくてもよい

喪中欠礼で知った場合は、不幸から日がたっていることが多く、香典や供物を送る必要はありません。ただ、相手と親しく、なんらかの形で弔意や慰めの気持ちを伝えたいときは、供花やハンカチなどを届け、「（返礼は）お気づかいなく」と書き添えます。

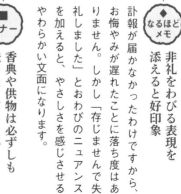

遺族からの会葬礼状・基本ひな型

オリジナルの会葬礼状

↓会葬者へ

❶ 頭語と結語

定型的な文例（183ページ）ではあらたまった「謹啓」「謹白（謹言／敬白）」を用いますが、オリジナルで作成する場合は省くのが自然です。

❷ 時候のあいさつ
❸ 安否のあいさつ

定型的な文例・オリジナル文例ともに省きます。

❹ 感謝のあいさつ

「本日はご多用にもかかわらずご会葬いただき、まことにありがとうございました」が基本になります。冒頭に述べる場合もありますし、文例のように故人の思い出などをつづったあと、結びに述べることもあります。

書き出し（前文）

❶❷❸

夫＊＊＊＊は、二〇＊＊年＊月＊日、＊＊年の生涯を閉じました。

この数年は病との闘いの日々でしたが、がん

主文

サバイバーをめざして、いつも前向きに、希望を失うことなく治療にとり組んでおりました。
学校卒業後＊＊株式会社で研鑽を積んだのち、＊年前、父親の店を継ぎました。以来、仕事に励みながら、地域でのご縁を深めてまいりました。公私ともに多くの仲間がいることが、自分の最大の財産だと、よく申していたものです。
家庭では、子ぼんのうな父親であり、かけがえのない夫でした。これまで＊＊年間、家族としてともに時間を過ごせたことに感謝しています。

結び（末文）

❺本日はご多用にもかかわらずご会葬いただき、さらにごていねいなご弔慰を賜り、まことにありがとうございました。
❹❻生前のご厚情に心より御礼を申し上げます。

❺ 用件（会葬のお礼）

「夫＊＊＊」など、喪主にとっての続柄のあとに故人の名を記し、その後、次の3点についてお礼を述べるのが基本です。

A 会葬（葬儀の参列）へのお礼

B お悔やみや香典へのお礼

（ストレートに「香典」「香料」とは書かず「ご弔慰」「ご厚志」と気持ちを主体にした表現にします）

C 生前お世話になったお礼

❻ 結び

文章のあとに、日付、住所、喪主名、遺族名などをつづけます。

（文字の配置などは183ページ参照）

家族葬で行う断りを入れた会葬礼状

↓会葬者・香典をくださった方へ

書き出し（前文）

亡母＊＊＊の葬儀に際しましては、お心のこもったご弔慰をいただきまして、まことにありがとうございました。

このたびは、■**母の強い遺志によりまして、近親者のみで見送ることといたしました。**

主文

◆**七十を過ぎたある日、母は猛烈な勢いでいわゆる「断捨離」を始めました。**身辺整理は人間関係にまで及び、日記や写真を処分し、年賀状や冠婚葬祭もご無礼し、葬儀は家族だけでという旨を周囲に伝えました。あまりに極端で皆さまは気を悪くなさるのではと心配しましたが、幸いにもあたたかいご理解をいただき、感謝しております。

終始冷静に自分の人生を見つめた母を誇らしく思います。

結び（末文）

生前、母に賜りましたご厚情に心より御礼を申し上げますとともに、皆さまへのお知らせが行き届かなかった失礼をご海容くださいますよう、お願い申し上げます。

■マナー

感染防止対策として家族葬にするときは

コロナ以前は「故人の遺志により」と断るのが一般的でしたが、現在は、

・**昨今の事情を考慮いたしまして、近親者のみで**

・**多くの皆さまにお集まりいただくことは控え、近親者のみで**

とするのもよいでしょう。

◆なるほどメモ

後日香典をいただいた方への礼状としても

葬儀に参列できなかった方や、あとで不幸を知った方から香典や供物が届くことが多いものです。その方たちへのお礼状としても使えるように、家族葬に至った経緯にふれる文面にととのえておけば効率的です。

当日返しを行うときの会葬礼状

↓会葬者へ

主文

■謹啓　亡父＊＊＊＊儀　葬儀に際しましては　ご多忙の中ご会葬いただき　そのうえ　ご丁重なるご厚志を賜り厚く御礼を申し上げます　ここに　生前のご芳情に心より感謝し　まことに略儀ながら書中をもちまして　御礼のごあいさつを申し上げます

謹白

二〇＊＊年＊月＊日

東京都千代田区神田駿河台〇―〇

喪主　＊＊＊＊
長女　＊＊＊＊
外　親戚一同

結び（末文）

▲なお　本日の返礼品をもちまして　香典返しにかえさせていただきます

■マナー

一般的な文例は葬儀社に用意されている

オリジナルの文章を作る余裕がないときは、葬儀社のサンプル文例にアレンジを加えるとよいでしょう。

▲注意点

当日返しをめぐるトラブルを防ぐために

最近は「当日返し」として、葬儀の日に香典返し品を渡してしまうことが多くなりました。ところが忌明け後に「香典返しが届かない」と不審に思う人がいて、トラブルにつながるケースもあります。当日返しを行う場合は、会葬礼状の中で「本日お渡ししたのが香典返しです」と明記しておくことをおすすめします。

遺族からの忌明けあいさつ状・基本ひな型

サンプル文例をアレンジした忌明けあいさつ状

→香典をいただいた方へ

書き出し（前文）

謹啓　このたび　父＊＊＊＊が永眠の際には
お心のこもったお悔やみと　ご厚志を賜りまし
て　まことにありがとうございました　本日
＊＊院＊＊＊＊＊（戒名・法名・法号）

❶ 頭語と結語
儀礼的なあいさつ状なので、「謹啓」「謹言（謹白／敬白）」を用います。オリジナルで文章を作成する場合は省略してもかまいません。

❷ 時候のあいさつ
❸ 安否のあいさつ
❹ 感謝のあいさつ
冒頭のあいさつは、文例のように省いてかまいません。入れるとすれば「時下（または＊＊の候、）ますますご清祥のことと存じます」と一文でまとめます。忌明けしたとはいえ、慶事の手紙ではないので「〜とお喜び申し上げます」という文末はふさわしくありません。

七七日忌の法要を営むことができました
つきましては 供養のしるしまでに 心ばかりの品を お届け申し上げます どうぞお納めくださいますよう お願い申し上げます

結び（末文）

❻
お目にかかりまして 親しくごあいさつを申し上げるべきところ まことに略儀ではございますが 書中をもちまして御礼を申し上げます
❶謹□言□

❺ 用件（忌明けあいさつと香典返し送付）
❻ 結び
下のサンプル文の構成のまま、表現だけを平易にしたのが右の文例ですが、それだけでわかりやすく親しみのこもったあいさつ状になります。

【一般的なサンプル文例（仏式）】

謹啓 先般 父＊＊＊＊が永眠の際には 御丁重なご弔詞とご厚志を賜り まことにありがたく厚く御礼を 申し上げます 本日＊＊院＊＊＊＊（戒名・法名・法号）七七日忌の法要を相営みましたので 供養のしるしに 心ばかりの品を お届け申し上げます どうぞ御受納くださいますようお願い申し上げます
早速拝趨《はいすう》のうえ ごあいさつ申し上げるべきところ まことに略儀ではございますが 書中をもちまして御礼を申し上げます

オリジナルの文章で作成する忌明けあいさつ状

↓香典をいただいた方へ

書き出し（前文）・主文

★本当はヒトの言葉で　君を送りたくない
砂浜に寄せては返す波音で
風にそよぐ木々の葉音で　君を送りたい

詩人の谷川俊太郎さんが、長年親交のあった大岡信さんを悼んで寄せた◆**詩の一節**です。私がこの詩を知ったのは、夫が余命いくばくもないと知らされたころでした。冷静に病と向き合う夫を前に、つとめて明るく自然でいようとした私に、この詩は大きな支えとなりました。

月日のたつのは早いもので、本日、七七日忌の法要を営みました。つきましては、心ばかりの品をお送りいたしますので、お納めくださいますようお願い申し上げます。

皆さまが、波の音、樹々のゆれる音を耳にし、夫を思い出していただければと存じます。

結び（末文）

生前のご厚誼、まことにありがとうございました。

★応用

詩・俳句・短歌などを引用して印象的に

故人が好きだった俳句や、遺族の心情をあらわした詩などを引用すると、オリジナリティーのあるあいさつ状になります。句や、詩の一節の文字をタイトルのように大きくする手法もあります。ただし、忌明けの報告や、生前お世話になったお礼などの基本的な要素は、はずさずに盛り込むことがたいせつです。

◆なるほどメモ

谷川俊太郎の詩「大岡信を送る」

2017年4月に、86歳で亡くなった詩人・評論家の大岡信氏を悼んで、60年以上の親交があった谷川氏が朝日新聞に寄稿した詩。

香典を寄付するときの忌明けあいさつ状

↓香典をいただいた方へ

書き出し（前文）

謹啓　先般、夫＊＊＊＊永眠に際しまして、御丁重なるご弔慰を賜りましたこと、まことにありがたく、心より御礼を申し上げます。おかげさまで、本日、七七日忌法要を無事に営むことができました。

主文

本来であれば、供養のしるしをお届け申し上げるべきところ、故人の遺志により、ご厚志の一部を＊＊会へ寄付し、皆さまへの■**御礼にかえさせていただきました。◆会からの感謝状の写しを同封いたしますのでご高覧ください。**私どもには子どもがおらず、生前から、世界中の子どもたちに教育支援を行う＊＊会の活動に協力してまいりました。まことに勝手ではございますが、どうかご理解賜りますようお願い申し上げます。

結び（末文）

略儀ではございますが、書中をもちまして御礼のごあいさつとさせていただきます。

敬白

■マナー

少額のプリペイドカードを同封する方法もある

香典返しを行うのは絶対的なルールではありません。ただ、通例となっている以上、香典返しが届かないことを快く思わない方もいるかもしれません。1000円程度のプリペイドカードなどを同封すれば、理解を得られやすくなります。

◆なるほどメモ

寄付先からの感謝状などがあれば同封する

寄付先の団体・自治体によっては「寄付金受領証」「感謝状」などが用意されています。寄付をした証拠を示すだけでなく、書状を受けとった側が間接的にその団体に寄与したことを伝える意義もあります。

喪中欠礼・基本ひな型

喪中欠礼のあいさつ状

↓例年年賀状を出している相手へ

喪中につき年頭のごあいさつを
控えさせていただきます

*月*日　父・****が*歳にて他界いたしま
した　本年中に賜りましたご厚情に心より御礼申し
上げますとともに　明年も変わらぬご交誼のほどを
お願いいたします

【住所・氏名】

厳密には「年末年始」ではなく「年始」のあいさつを失礼する

年末のごあいさつといえば、お歳暮や取引先へのあいさつ回りですが、これらは喪中でも行ってかまわないものです。喪中欠礼とは、年始のごあいさつである年賀状や年始回りを控えるという意味なのです。サンプル文例を使う際などは、冒頭のあいさつ文の語句に留意しましょう。

家族葬で見送ったときの喪中欠礼

→ 例年年賀状を出している相手へ

喪中につき新年のごあいさつを
ご遠慮申し上げます

＊月＊日に母＊＊（享年＊）が永眠いたしました。さっそくお知らせすべきところでしたが、故人の遺志によりまして葬儀は身内だけでとり行いました。お知らせが行き届かなかった失礼をお許しください。

生前に賜りましたご厚情にあらためて御礼申し上げますとともに、明年の皆さまのご健勝を心よりお祈りいたします。

ポイント お知らせしなかったことについてのおわび表現をプラスします。

喪中欠礼を出したのに年賀状が来たときの返事

→ 年賀状をいただいた方へ

寒中お見舞い申し上げます

寒さの厳しい毎日がつづいておりますが、ご家族の皆さまにはおすこやかにお過ごしのことと存じます。

昨年はたいへんお世話になりまして、まことにありがとうございました。

本年もよろしくご厚誼のほどをお願い申し上げます。

二〇＊＊年 一月

ポイント 「喪中のごあいさつをいたしましたとおり」などと書くのはいやみなので、通常の寒中見舞いの文面にととのえます（107ページ参照）。

法要の案内状・基本ひな型

一周忌法要の案内状

→親戚・故人の友人・知人へ

書き出し（前文）

謹啓　＊＊の候となりましたが　皆さまにおかれましてはご清栄にお過ごしのことと存じます

主文

さて　来る＊月＊日は　亡き父の一周忌にあたりますつきましては　左記のとおり法要を営みたく存じます

結び（末文）

皆さまにはご多用の折と存じますが　何卒ご焼香賜りますようご案内申し上げます

謹白

【日付・施主の住所氏名・日時・場所】

なお　法要ののち　同所にて粗餐をさし上げたく存じます
ご都合のほどを＊月＊日までに同封の返信用はがきにてお知らせください

二つ折りカードに印刷し出欠連絡用のはがきを同封

四十九日と一周忌は縁者を招いて盛大に、三回忌以降は徐々に規模を縮小するのが一般的です。案内状は「謹啓」「謹白（謹言・敬白）」であらたまった形にしますが、慶事ではないので時候のあいさつの「春爛漫の候」「若葉の候」、安否のあいさつの「〜とお喜（慶）び申し上げます」などのおめでたい語を避けてまとめます。

法要に欠席するおわびの返事

↓法要の施主へ

書き出し（前文）

本日、＊＊さまの一周忌法要のご案内をいただき、月日の流れの早さを感じております。

主文

ぜひお参りさせていただきたいのですが、あいにく家で老親を見ておりますため長時間の外出がかなわず、このたびは失礼させていただきます。

心ばかりではございますが、ご仏前にお供えいただきたく同封させていただきますので、どうぞよろしくお願い申し上げます。

結び（末文）

向寒の折ですので、どうぞご自愛ください。

ポイント 返信用はがきで欠席を知らせるのではなく、別に手紙を書き、「御供物料」とともに送ります。欠席理由を「先約」「旅行」とするのは失礼なので、書きにくいときは「家庭の事情」に。

法要欠席者へのお礼

（法要の施主）↓知人・親戚へ

書き出し（前文）

拝啓　晩秋の候、皆さまにはご清祥のことと存じます。

主文

さて、先日の亡父＊＊の一周忌に際しましては、ごていねいなお手紙とご厚志を賜り、まことにありがとうございました。ご多忙を承知でご案内いたしましたことを、申しわけなく存じております。

おかげさまで、法要は滞りなく営むことができました。供養のしるしをお届けいたしますので、お納めくださいますようお願い申し上げます。

結び（末文）

まずは書中にて御礼申し上げます。

敬　具

ポイント 供物（料）を送ってくれた方へは、お礼状とともに法要の引き物を送ります。

杉本祐子（すぎもと　ゆうこ）

「くらし言葉の会」主宰。NHK文化センター札幌教室「わかりやすいと言われる文章の書き方」講座講師。1957年生まれ。津田塾大学卒業後、出版社勤務をへて、手紙や文章の書き方、冠婚葬祭のしきたりやマナーなどの編集や原稿執筆を行っている。主な著書は『心を伝える、すぐに役立つ　手紙・はがき・一筆箋の書き方マナー大全』『心が伝わるお礼の手紙・はがきマナー＆文例集』『心のこもった葬儀・法要のあいさつと手紙マナー＆文例集』『女性のための相続の手続きがきちんとわかるハンドブック』などがある（以上、主婦の友社刊）。

装丁　大薮胤美（フレーズ）
本文フォーマット　宮代佑子（フレーズ）
表紙イラスト　さいとうきよみ
本文イラスト　フジサワミカ
本文DTP　鈴木庸子（主婦の友社）
編集担当　三橋祐子、露木香織（主婦の友社）

季節《きせつ》と気持《きも》ちを上手《じょうず》に伝《つた》える手紙《てがみ》の書《か》き方《かた》マナー＆文例集《ぶんれいしゅう》

令和３年２月28日　第１刷発行
令和６年７月20日　第５刷発行

著　者　杉本祐子《すぎもとゆうこ》
発行者　丹羽良治
発行所　株式会社主婦の友社
〒141-0021　東京都品川区上大崎3-1-1 目黒セントラルスクエア
電話03-5280-7537（内容・不良品等のお問い合わせ）
03-5280-7551（販売）
印刷所　大日本印刷株式会社

©Yuko Sugimoto 2021 Printed in Japan
ISBN978-4-07-446990-1

■本のご注文は、お近くの書店または主婦の友社コールセンター（電話0120-916-892）まで。
*お問い合わせ受付時間　月～金（祝日を除く）　10:00～16:00
*個人のお客さまからのよくある質問のご案内　https://shufunotomo.co.jp/faq/

Ⓡ〈日本複製権センター委託出版物〉
本書を無断で複写複製（電子化を含む）することは、著作権法上の例外を除き、禁じられています。
本書をコピーされる場合は、事前に公益社団法人日本複製権センター（JRRC）の許諾を受けてください。
また本書を代行業者等の第三者に依頼してスキャンやデジタル化することは、
たとえ個人や家庭内での利用であっても一切認められておりません。
JRRC〈https://jrrc.or.jp　eメール:jrrc_info@jrrc.or.jp　電話:03-6809-1281〉
※本書は『手紙とはがきの書き出しと結び　きちんとマナーハンドブック』（2019年刊）を改訂したものです。